BEIHEFTE ZUR
ZEITSCHRIFT FÜR ROMANISCHE PHILOLOGIE

BEGRÜNDET VON GUSTAV GRÖBER
FORTGEFÜHRT VON WALTHER VON WARTBURG
HERAUSGEGEBEN VON KURT BALDINGER

Band 133

GUNTRAM PLANGG

SPRACHGESTALT
ALS FOLGE UND FÜGUNG

Zur Phonologie
des Dolomitenladinischen (Badiot)
und seiner Nachbarn

MAX NIEMEYER VERLAG TÜBINGEN
1973

Gedruckt mit Hilfe von Druckkostenbeiträgen des Landes Tirol, des Landes
Vorarlberg und des Universitätsbundes Innsbruck

ISBN 3-484-52038-8

VORWORT

Diese Arbeit wurde im Frühjahr 1969 von der Philosophischen Fakultät der Universität Innsbruck als Habilitationsschrift aus romanischer Sprachwissenschaft angenommen. Genauere Untersuchungen zentralladinischer Dialekte, aus früheren Arbeiten und Diskussionen mit meinem verehrten Lehrer Alwin KUHN (1902–1968) erwachsen, wurden mir entgegenkommend durch zeitweise Entlastung von meinen Institutsverpflichtungen ermöglicht. Neuerliche, nach Süden ausholende Mundartaufnahmen auf struktureller Grundlage hat mir dann in dankenswerter Weise der Theodor-Körner-Preis 1967 erlaubt.

Sehr zu Dank verpflichtet bin ich den Herren Professoren Rudolf Baehr (Salzburg) und Johannes Erben (Innsbruck) für ihr Interesse an dieser Arbeit, deren Abschluß nach dem Ableben meines Lehrers in Frage gestellt war, ebenso Herrn Professor Kurt Baldinger und dem Max Niemeyer Verlag, die mir so freundlich Gastrecht in den Beiheften gewähren.

Abschließend möchte ich auch den Landesregierungen von Tirol und Vorarlberg sowie dem Universitätsbund Innsbruck für die wohlwollende Gewährung von Druckkostenbeiträgen danken.

Columbus/Ohio – Innsbruck 1971   Guntram A. Plangg

INHALTSVERZEICHNIS

SKIZZENÜBERSICHT

Anhang:
KARTEN

VERWENDETE ZEICHEN

In der Transkription halten wir uns an die im *AIS* verwendeten Zeichen. Da bis auf wenige Ausnahmen (etwa bei *Intonation*) alle beigebrachten Belege der Klarheit halber transkribiert werden, können wir auf die eckigen Klammern verzichten. Sie werden nur gesetzt, wo ausdrücklich zwischen phonetischer und phonologischer Form – zwischen den üblichen Schrägstrichen – unterschieden werden soll (etwa bad. [*čamp*] = /*čaNp*/ < CAMPU 'Feld'). Mit »~« bezeichnen wir eine Opposition, mit »–« eine allgemeinere Relation.

Wir unterscheiden mit diakritischen Zeichen:

á	Tonvokal (Hauptton in der Intonationsgruppe)
à	Tonvokal (Nebenton in der Intonationsgruppe)
ái, áu	Vokalgruppen (Diphthonge)
ā	langer Vokal
ă	kurzer Vokal (nur im Gegensatz bezeichnet)
ẹ	geschlossener Vokal
ę	offener Vokal
* e̤*	überoffener Vokal (zwischen *a* und *ę*)
ã	Nasalvokal
u̇	entrundetes, mittelgaumiges *ü*
ë	typisch zlad. Phonem, mittelgaumiger Tonvokal, zwischen *ạ* und *ę*; dafür:
ä	im Obad. (realisiert als *ă*, *ạ*, diphthongisch *ęi*),
	ë in Gröden (realisiert wie betontes *ə*, Th. Gartners *ạ̈*)
	ë im Ubad. (realisiert als *ẹ*, diphth. *ẹe* bis *éi*);
	im Mar. tritt dafür *ĕ*, *ẹ́i* oder *ŏ* ein je nach Stellung.
A, N	Archiphoneme (Neutralisierung); dagegen ist -ATU Ansatz
i̦	schwachtoniger Extremvokal (Gruppe, Hiat)
ə	Reduktionsvokal, ungerundet, mit kleiner Zungenhebung (wie *ë*)
α	Reduktionsvokal, ungerundet, aber ohne Zungenhebung
#	Wortfuge (und ≠ Silbenfuge), Junkturphoneme
t	dental-apikaler stimmloser Verschlußlaut
d	dental-apikaler stimmhafter Verschlußlaut
đ	dental-apikaler stimmhafter Reibelaut
s	alveolar-prädorsaler stimmloser Reibelaut
z	alveolar-prädorsaler stimmhafter Reibelaut
š	palatal-dorsaler stimmloser Reibelaut
ž	palatal-dorsaler stimmhafter Reibelaut
ts	dentale stimmlose Affrikate /*ʒ*/

dz	dentale stimmhafte Affrikate /ʒ/
tš	präpalatale stimmlose Affrikate /č/
dž	präpalatale stimmhafte Affrikate /ǧ/
č	mediopalatal-dorsale stimmlose Affrikate
ǧ	mediopalatal-dorsale stimmhafte Affrikate
ñ	palataler Nasalkonsonant
ł	palataler Liquid
ŋ	velarer Nasalkonsonant
χ	velarer stimmloser Reibelaut
y	mediopalataler stimmhafter Reibelaut
Π	Pausaphonem
Ø	Nullwert, Zero

Eine ausführlichere Lautbeschreibung zum Ladinischen findet man in meiner Einführung zu A. Pizzininis *Parores ladines*, S. XV ff., bad. Schrifttum ebenda S. LIX ff.; zur Darstellung verschiedener Schreibgewohnheiten vgl. *Moderne Sprachen 9* (1965) Heft 2–4 (*Fs. für C. Th. Gossen*) S. 113 ff.

Neben den allgemein üblichen Abkürzungen verwenden wir einige wenige, die in den Literaturangaben aufgeführt werden.

EINLEITUNG

Im Zusammenhang mit breiter angelegten Arbeiten zu Wortschatz, Laut- und Formenlehre des Dolomitenladinischen, die mein verehrter und 1968 so plötzlich verewigter Lehrer als eine der wesentlichen Forschungsaufgaben seines Instituts wieder angeregt und mit Freude betreut hatte, bearbeitete ich 1964–66 ein badiotisches Wörterbuchmanuskript, die *Parores ladines* von A. Pizzinini. Ursprünglich als Gegenstück zu A. Lardschneiders *Wörterbuch der Grödner Mundart* konzipiert, ergab sich schon für den Autor das Problem verschiedener Talschaftsmundarten im Gadertal, das er in der üblichen historischen Art lösen wollte: Die großen Wörterbücher von Pirona, Boerio oder Tiraboschi versuchten das vollständige Vokabular eines Dialektraumes zu erfassen . . .

Wenn man die Meinung vertritt, daß die Zeit lexikalischer »Raubgrabungen« vorbei ist, da ein aus der Mundartlandschaft wahllos zusammengelesenes Lexikon gewöhnlich eine Diachronie in synchronischem Gewand darstellt, hält man sich wohl bescheidener an eine besser vertretbare, kohärentere S y n c h r o n i e, an den Wortschatz einer Talschaft im Sprachstand einer einzigen Familie. Eine solche Wortstruktur habe ich nach Form und Bedeutung für das obere Gadertal in den *Parores ladines* herauszuarbeiten versucht.

Auf dieser Grundlage, die eine Reihe weiterer jahrelanger Mundartaufnahmen mit Feder und mit Tonband in den Dolomitentälern, aber auch an Noce, Sarca und Chiese ergänzten, habe ich die Gestaltbestimmung einer Dolomitenmundart versucht. Als G e s t a l t gelten dabei im Bereich der Wortphonologie keineswegs etwa nur die Lautmerkmale eines sprachlichen Zeichens, sondern ebenso distributive Merkmale, die oft leichter zu fassen sind. Die Position im Paradigma kennzeichnet ein Segment ebenso wie Zuordnung und Wertung in der Segmentkette aktualisierter Rede.

Kaum beachtet scheint mir bisher die D i a c h r o n i e in den einzelnen Paradigmen selbst: Die Phoneme wie auch die Morpheme zeigen in ihrem Merkmalbündel die Zeit ihrer Ausbildung und oft auch ihre weiteren Schicksale in der Struktur. Man kann daraus die relative Chronologie von CI > *č* und CA > *ča* oder auch heiklere Schübe – Diphthongierungen, Umlaute – durchaus schlüssig beweisen. Wir sprechen jedoch von Paradigmen, nicht von phonetisch-artikulatorisch angeordneten Phoneminventaren, die oft so generös als Phonemstrukturen bezeichnet werden.

Die in der Südromania häufigere Segmentf o l g e weicht in unserer alpinen Romania gern der Zeichenf ü g u n g, der Gefüge- und Gruppenbildung. Die Vokalphoneme selbst wie auch deren Inventare werden im Hochton recht

1

komplex, Morpheme passen sich mit entsprechenden Allomorphen dem kräftigeren Betonungsgefälle an und neigen ebenfalls zur Bindung und zur Gruppe. Die Verbalsyntax wird im Zusammenhang mit freierer Morphemfügung und steigender Belastung der Vortonsilben – besonders ausgeprägt im Lombardischen Judikariens – noch an anderer Stelle zu behandeln sein[1].

Auch in der noch jungen funktionalen Sprachwissenschaft ist die theoretische Seite schon recht breit zu Wort gekommen, und es wurde vielfach – vorzüglich anhand recht entlegener Sprachstände – erwogen und erörtert, wie eine Struktur beschaffen sein könnte und wie deren Baugesetze widerspruchsfrei wären. Mich interessiert jedoch zuvor, wie bestimmte Paradigmen beschaffen *sind*. Es soll hier weder ein Forschungsbericht noch ein wissenschaftstheoretischer Beitrag vorgelegt werden. Unser Anliegen gleicht dem A. Martinets (Hauteville) vor drei Jahrzehnten, auch wenn wir uns inzwischen auf einschlägige Arbeiten von R. L. Politzer (Nonsberg), L. Heilmann (Moena), G. Francescato (Friaul) und weiterhin auf die ausgezeichneten *Phonologischen Studien* H. Weinrichs stützen können. Man dürfte aus einem günstig gelegenen und genau untersuchten Sprachgebiet, das dementsprechend begrenzt sein wird, mitunter ebensolche Aufschlüsse gewinnen können wie aus einer größeren, aber eben nur aus Sondierungen bekannten Sprachlandschaft. Das sollen einige Karten (großenteils nach dem *AIS*) und gelegentliche Ausblicke auf Oberitalien zeigen, etwa ein Vergleich von archaischen Vokalstrukturen vor Nasal.

Das vielschichtige und vielfältige Geflecht eines romanischen Sprachstandes in seinen Hauptsträngen aufzudecken, den einen oder anderen Zusammenhang im Gefüge von Phonemen oder Morphemen als unerwartet kunstvollen, fein auf die Gestalt abgestimmten Kräfteausgleich zu erweisen, dies war mein Ziel im Bemühen um das Wunder der Sprache.

*

Ich habe diese Untersuchungen vor drei Jahren abgeschlossen: Zwar dürfte sich im Badiot inzwischen kaum viel verändert haben, in theoretischer Hinsicht und zu verwandten Sprachständen jedoch erschienen einige wertvolle Beiträge. Im italianistischen Bereich verweise ich auf Ž. Muljačić, *Fonologia generale e fonologia della lingua italiana*, Bologna 1969, einen ausgezeichneten Überblick. Für das Rätoromanische mindestens ebenso aufschlußreich sind einige Arbeiten zum Französischen, besonders E. Pulgram, *Syllable, Word, Nexus, Cursus*, The Hague–Paris 1970, sowie die darauf aufbauende typologisch orientierte Untersuchung von J. Klausenburger, *French Prosodics and Phonotactics*, Tübingen 1970, die

---

[1] Für das Ennebergische (Marèo) hat dies inzwischen mein Schüler W. Mair verwirklicht mit seiner Dissertation über mar. Morphologie, die demnächst in den *Romanica Aenipontana* herauskommen wird.

methodisch ähnlichen Wegen folgt wie ich im Gadertalischen. Was die generative Methode betrifft, wie sie S. Schane auf das Französische oder M. Saltarelli auf das Italienische anwenden, so fehlen für das Zentralladinische noch weitgehend gesicherte historische Grundlagen, um die sich im Gadertal besonders H. Kuen[2] bemühte. Auf die keineswegs gelöste Problematik um Nullwerte und Minimalphoneme (oder auch -morphoneme) im Galloromanischen, die seit K. Heger, *Die* liaison *als phonologisches Problem*[3], neuerdings wiederholt aufgegriffen wurde, möchte ich in anderem Zusammenhang ausführlicher zurückkommen.

---

[2] Jetzt leicht zugänglich in H. Kuen, *Romanistische Aufsätze*, Nürnberg 1970. Dazu kommt nun auch J. Kramer, *Etymologisches Wörterbuch des Gadertalischen*, Köln 1971ff.

[3] In: *Fs. W. von Wartburg zum 80. Geburtstag, I*, Tübingen 1968, 467ff.

GADERTALISCHE PHONEMFOLGE

Die Darstellung eines Sprachstandes pflegt man traditionsgemäß mit der Lautlehre zu eröffnen. Der vielfach erschlossenen »Entwicklung« von Sprachlauten stellen wir lieber Gestalt und Zuordnung der Phoneme voran. Dies soll die tragfähige Grundlage einer Untersuchung größerer, übergeordneter Spracheinheiten ergeben, deren linguistisch verwertbare Wiedergabe allein schon die Kenntnis ihrer kleinsten Leistungseinheiten erfordert. Wie etwa der Kontakt verschiedenartiger Sprachstände – zeitlich oder räumlich bedingt – sehr bald erkennen läßt, sind es vor allem verschieden gelagerte Streubreite[4], Aufbau und Kombinationsweise der einzelnen Redesegmente, die einer parallelen Umsetzung entgegenstehen. Wenn ein Süddeutscher den badiotischen Satz *sëgn vëigh-i bel na ćiasa bassa*[5] verständlich sprechen soll, der in Stern etwa [*zẹin vẹịgi bẹl na čāza bāsa*] lautet, wird er [*z-, ẹị, ẹ, č, -ās-*] üben müssen, denn Artikulation wie Folge oder Fügung einiger Laute sind für ihn neu und ungewohnt.

Ein sehr genaues Erfassen der einzelnen Lautfolgen ist einmal Voraussetzung, um die möglichen Segmente in der Rede auch feststellen zu können. Wir kommen aber weder mit einem phonetisch gut geschulten Ohr noch mit experimenteller Phonetik zu den kleinsten Einheiten, die uns als Sprachwissenschaftler interessieren und die wir berechtigt als konstituierende Glieder der Wörter annehmen dürfen. Häufige Fehler in der Worttrennung erster Aufnahmen zeigen dies ebenso wie etwa das variierende Nebeneinander von [*ᵈzẹin, zäñ, zä̤ŋ*] etc. für *sëgn* 'jetzt' beim gleichen Sprecher. Wie ein freies Morphem als Segment der Intonationsgruppe innerhalb einer bestimmten Streubreite dennoch immer in der Mitteilung wesentlich dasselbe leistet, so muß es auch als Segmente der Betonungsgruppe innerhalb der Silbe ähnlich konstante Leistungseinheiten geben, wenn man die Rede mit nicht einmal 30 Lettern verständlich fixieren kann. Diese bedeutungsdifferenzierenden kleinsten Segmente einer Silbe sind die Phoneme eines Sprachstandes, und das Erkennen dieser Phoneme nach Ausprägung, Zahl[6], Zuordnung und sprachlicher Leistung ist unser erstes Ziel.

---

[4] D. h. normal zulässiger Variationsbereich eines Segmentes je nach Stellung und Betonungsverhältnissen in einem bestimmten Sprachstand im Rahmen der Mitteilungsfunktion. Vgl. H. Pilch, *Phonemtheorie* S. 3.

[5] In A. Pizzinini, *Parores ladines*, wäre das: *Şëgn vëig-i bel na tgasa bassa* 'Jetzt sehe ich schon ein niederes Haus'. Vgl. »Schreibung«, S. XXIXff.

[6] Fast jede Theorie der Phonologie setzt eine *feste* Zahl von Phonemen in einem bestimmten Sprachstand voraus, aber in der Praxis ist diese Zahl gar nicht so leicht bestimmbar, wie etwa anhand ital. Konsonanten- oder

KONSONANTEN

Die lautlichen Spielarten, die wir – meist kontext- und betonungsbedingt, etwa in Allegroformen – bei *šëgn* zuvor anführten, gelten ebenso für ähnlich gebaute Wörter oder, genauer ausgedrückt, Bedeutungsträger wie *tëgn* 'hält, 3. Pers. Präs. Ind.', *bëgn* 'wohl', *dëgn* 'würdig', *fëgn* 'Heu', *vëgn* 'kommt, 3. Pers. Präs. Ind.', *lëgn* 'Baum' und *rëgn* 'Reich'. Daraus folgt, daß im Wortanlaut /t, b, d, f, v, l, r, z/ wahrscheinlich gleichwertige Phoneme einer einzigen Größenordnung sind; eine mögliche Einschränkung zeigt *plëgn* 'voll' an, das nach *pëgna* 'Butterfaß' und *lëgna* 'Brennholz' offensichtlich mit einer Phonemfolge anlautet, sich aber ebenso in die Vertauschprobe fügt. Phoneme kommutieren also leider auch mit Phonemfolgen wie /pl-/, die wir aber bei den vorgenannten /t, b, d . . ./ vorerst aus phonetischen Gründen mit ziemlicher Sicherheit ausschließen dürfen.

Weiterhin ergeben sich ausschließlich im Anlaut differenzierte Wortpaare wie *dënt* 'Zahn' oder *vënt* 'Wind' – womit wir an die zuvor isolierten Phoneme anschließen – und *žënt* 'Leute', *čënt* 'hundert', *mënt* 'Sinn', *sënt* 'fühlt, 3. Pers. Präs. Ind.', ebenso *paŋ* 'Brot' oder *faŋ* 'Hunger' etc. und *kaŋ* 'wann', *čaŋ* 'Hund'. Die Paare *gāna* 'Salige, Fee' und *māna* 'Garbe', *lāt* 'Milch' und *ǧāt* 'Katze', *vëi* 'wahr' und *nëi* 'Schnee', *nü* 'neun, neu' und *ñü* 'gekommen', *žö* 'unten' und *yö* 'ich', die sich leicht vermehren lassen, runden das Inventar der badiotischen Anlautkonsonanten ab. Im absoluten »Vokalanlaut« muß analog nach der Kommutation *vëi* ~ *Пëi* (< ILLI) oder *nü* ~ *Пü* (< OVU) anlautende Pausa *П-* angenommen werden, nicht etwa *Øëi*, das genau dem (satzphonetischen) Inlaut als *≠ëi* entspräche[7]. Damit erhalten wir im Anlaut nebst *П* die 20 konsonantischen Phoneme /p, t, k, b, d, g, f, č, č, v, ǧ, ž, s, z, m, n, ñ, l, r, y/.

Transkribierte Texte (Gartner, *AIS*, Kuen) bringen überdies noch [*š, ǧ, ts, dz, ł, h, ŋ*], die auch in verschiedenen Graphien aufscheinen: *sh – š, ĵ – gⁱ, z(z), ş, li – gl, h, ng – n*. Die [*š, ts, h*] können wir im Anlaut beiseite lassen, weil sie entweder satzphonetisch inlautend, in Fremdwörtern oder sehr jungen Entlehnungen vorkommen[8] oder aber Varianten eines Pho-

---

frz. Vokalphoneme sehr leicht zu erweisen ist. Die Grenzen zwischen Phonem und Gruppe sind unscharf.

[7] Wenn die Lautkette aktualisierter Rede zerschnitten wird, etwa mechanisch auf dem Tonband, so zeigt sich die Verzahnung der Artikulation. Man erhält bei einem Schnitt zwischen *ta* immer *tª* oder *ᵗa*, wenn man nicht den Übergang *ᵗª* herausschneidet (G. Strakas Aufsätze zur experimentellen Phonetik in *TraLiLi 1f.*). Pausa *П* und Fuge *#* haben also ganz reale Hintergründe.

[8] A. Pizzinini, *Parores ladines*: *shètimo* 'settimo' – *shizer* 'Schütze', *zèrto* 'certo' – *zána* 'Zahn', *hèler* 'Heller' etc.; vgl. aber *-šč- > -š-: šálda* 'heize!' ~ *čálda* 'heiße, Sg. f.'.

nems sind, wie Nebenformen beweisen (sę́što – šę́što 'sesto' etc., tšę́rto – tsę́rto 'certo' und tsakáŋ 'einst, irgend wann' < i ne sa . . . 'irgend', stilistisch ę̄ – hę̄ 'ja' und ű́der – mar. hű́der 'Truthahn, "Huder"'). Die [ǧ, dz] sind sicher als Varianten zu betrachten, weil sie lokal und insbesondere im Gadertaler Diasystem Nebenformen haben. Das [ǧ] muß den Schreibungen nach vor einem guten Jahrhundert noch teilweise für das ž- gegolten haben, hat heute in Fremdwörtern bedrohlich nahe ǧ- neben sich (ǧíta 'gita'), im Mar. überdies noch y- (GAMBA > bad. ǧāma, mar. yáma). Es schwanken bad. yüšt – ǧüšt 'giusto', im Unterland stehen žüdīs 'Schächer' und yű́da 'Jude' nebeneinander wie auch DEU- > yǫláŋ – diláŋ 'danke', bad. ǧuláŋ. Das [dz] findet sich heute nur mehr im archaischen Kolfuschg und neuerdings in Kampill in wenigen Fällen. Das alte [dzę̈i̯n] < DE SIGNU 'jetzt' lautet sonst im Tal allgemein z- gegenüber anderen ähnlichen Adverbialbildungen wie dębán < DE VANU 'vergeblich', dębǫ́ta 'schnell'; DESIGNUM > dəzę̈i̯n 'Zeichnung' ist in Kampill zu [dzäñ] geworden, wo auch andere junge Kontraktionsformen durch das hier auffällige Sprechtempo häufig anzutreffen sind (tiyāč > čāč, zu ATTEGIA)[9].

Das [ł] ist seltene fakultative Variante des /l/ vor unbetontem i: liáč 'Scheit' wird beispielsweise überall im Tal als zweisilbiges Wort empfunden und daher trotz der vertrauten ital. Graphie nie mit gl- wiedergegeben. Das [h] kommt in bad. Wörtern zumindest im Anlaut kaum vor, ist im Unterland expressive Variante, etwa bei ę̄, ę́i (Rina hę́i) 'ja'. Das [ŋ] kann einmal nur bei Allegroformen im Anlaut stehen wie bei [ŋkö̆] 'heute', dessen Vollform aber iŋkö̆, ęŋkö̆ ist; zum andern ist der Nasal gerade in dieser Stellung neutralisiert und daher gilt phonologisch nur /əNkö/.

Von den bisher durch Kommutation im absoluten Anlaut ermittelten 20 konsonantischen Phonemen gelten jedoch nicht alle für den Auslaut. Wie unser rückläufiges badiotisches Wörterbuch[10] ergibt, fehlen im absoluten Auslaut scheinbar alle Phoneme, die Stimmhaftigkeit als Merkmal zeigen, nämlich /b, d, g, v, ǧ, ž, z/; ebensogut kann man natürlich sagen, diese Phoneme seien vorhanden, aber mit den merkmallosen – stimmlosen – Entsprechungen zusammengefallen. Die Entscheidung darüber darf nicht im Hinblick auf ein »einfacheres« Ergebnis gefällt werden,

---

[9] Wir haben nicht die Absicht, in diesem Rahmen neue Etymologien aufzustellen oder zu diskutieren. Die Ansätze dienen gewöhnlich dem Aufzeigen synchroner Zusammenhänge in einem historischen Paradigma oder der leichteren Identifizierung einer heutigen Mundartform, sind daher gesichert oder entsprechend gekennzeichnet (mit * oder »zu . . .«) und folgen W. Th. Elwert, *Mda. des Fassatals*. Wenn der Beleg dort fehlt, wurden C. Tagliavini, *Livinallongo*, oder A. Lardschneiders *Wb. der Grödner Mda.* dafür herangezogen und natürlich H. Kuens Aufsätze zum Rtr.

[10] Die *Parores ladines*, verzettelt und rückläufig geordnet, im Institut für Romanische Philologie, Universität Innsbruck.

sondern sie muß m.E. von der Realität der Sprache her – von der Zuordnung der Vokalphoneme aus – entschieden werden. Ein Anzeichen für offenbar verschiedene Wertigkeit der -*p*, -*t* . . . im Auslaut (aus P, T bzw. B, D) scheint in deren Reaktion auf das feminine Genusmorphem gegeben (*t* – *ta* gegen *t* – *da* etc.):

dёrt – dёrta
plat – pláta
sёk – sёča
bās – bāsa

vёrt – vёrda
frёit – frёida
lęrk – lęrǧa
mṻs – mú̈za

Der Vertauschprobe im Auslaut stehen Schwierigkeiten entgegen, weil im Zentralladinischen von Sprachhorsten aus zunehmend die Endkonsonanten satzphonetisch verstummen, also im Gadertal und besonders im Badiotischen weitgehend geschwunden sind:

fass.	*burt*	*nut*		*pęk*	*lęk*	*lòuf*	*nèif*	*čįęl* *mę́tęr*
bad.	*bur(t)*	*dešnṻ*		*pü*[11]	*lṻk*	*lu*	*nёi*	*čīl* *mёtə*
mar.	*bǫr(t)*	*ęndęžęnṻ*	*pü*	*lü*	*lu*		*nę́i*	*či* *mę́tęr*

Nach der Häufigkeit drängen sich für /*p*, *t*, *k*, *s*/ die palatalisierten Entsprechungen der Pluralbildung auf, die in anderem Zusammenhang noch zu erörtern sein werden. Diachron gesehen sind es primäre und sekundäre Fügungen, die sich – nach den Langkonsonanten – im Auslaut am widerstandsfähigsten erweisen:

tröp 'viel'   – Plur. (*tröč*) *trötš*   *mṻs* 'Gesicht'   – Plur. *mṻš*
tёt 'Dach'   – Plur. *tёč*   *bās* 'tief'   – Plur. *bā̈š*
bёk 'Bock'   – Plur. *bёč*   *pǫts* 'Brunnen'   – Plur. *pǫtš*

Gegenüber den Phonemen im Anlaut, wo *č* und *č* eindeutig kommutierten und wir *š* als Sonderfall ausklammerten, stehen im Auslaut *pёč* – *pёč* – *pёš* (zu PEDITU, Plur. – PĬCEU – PĬSCE) nebeneinander. Es stehen also hier anscheinend -*č*, -*č*, -*š* in Opposition. Wie aber *kǭrp* 'Leib' – Plur. *kǭrpəš*, *ǭrp* 'Eisse' – Plur. *ǭrpəš* neben [*tröč*] zeigen, ist dieses über *tröpəš zu *trötš* geworden und endet auf eine Gruppe. Ebenso fügt sich der Typ -*ts* – Plur. -*tš* (*rǫts* 'Trag-, Zaunreif' – Plur. *rǫtš* etc.) als Parallele zu den übrigen Palatalentsprechungen. Deutlicher wird das Ergebnis durch Umkehrungen: *pās* 'Schritt' Plur. *pā̈š*, *fāt* 'Tat' Plur. *fā̈č*, aber *pats* 'schmutzig' Plur. *patš* und *pāšt* 'Mahl' Plur. *pā̈šč* als Auslautgruppen. [*ts*] und [*tš*] sind phonologisch zerlegbar, umkehrbar als /*St*/ und daher im Auslaut sicher Phonemgruppen, im Anlaut dagegen Varianten von /*s*, *š*/[12]. Das gilt jedoch nur für bestimmte Auslautgruppen nach Vokal, denn z.B.

---

[11] Das Wort hat wie *tǭk* u.a. bezeichnende Varianten, nämlich bad. *pü* ≠ *də paŋ* (satzphonetisch Inlaut), aber *pük II* (absoluter Auslaut, Hochtonform).

[12] Vgl. A. Martinet, *La linguistique synchronique* 109ff.

in [*mürts*] ist [*ts*] bad. Variante für /*s*/, also /*mürz*/, vgl. mar. [*mürs*] <
MUROS.

Da Nasalphoneme einerseits bis auf wenige Reste wie mar. [*kǫlm*]
'Firstbalken' oder [*čęrn*] 'Fleisch', bad. [*čęr*], [*kǫlm(ǫ)*]), in Auslautgruppen abgefallen sind, andererseits noch bestehende Nasalierung in
Randlagen (Rina *al m'ǫ̃rõa* – bad. *al m'aŋ rõya* 'es tut mir leid') sowie bad.
[*raŋ*] neben mar. [*ram*] < RAMU oder [*faŋ*] < FAME neben [*čaŋ*] <
CANE Kollisionen der alten Nasalphoneme belegen, bieten sich für die
Vertauschprobe nicht allzu viele Beispiele. Das Nebeneinander von
aŋfāt, amfāt, (u)mfāt < UNO FACTU 'gleich' weist wie auch satzphonetisch
vortoniges *saŋ, daŋ* für betontes *sant* < SANCTU, *dant* < DE ABANTE auf
Neutralisierung der Nasale im vortonigen Silbenauslaut. Oxyton, nämlich
im absoluten Auslaut und in Gruppen, gilt jedoch im Gadertal noch eindeutig /*ŋ*/ neben /*n*/: mar. -*aŋ* < -ANU – *an* 'Jahr', bad. *man* < MINO
(*mёnə*) – *maŋ* 'Hand', *āŋ* (= *a* + *aŋ*) 'hatte man' – *ān* 'Jahr'. Auch vor
dem Plural-*s* hält sich die Unterscheidung in der Konsonantengruppe:
dān Plur. *dāins, dāns*; *rёịn* (*rёñə*) 'Reich' Plur. *rёịns*, aber etwa *maŋ*
'Hand' Plur. *maŋs*. Dennoch ersieht man die Randstellung des positions-
beschränkten Phonems bei *ān* 'Jahr' Plur. *āịn* (*āñə*), *toróịn* 'rund' Plur. *to-
roịns* und *danʒ* < DAMNUS 'Schade . . .' gegenüber *raŋs* < RAMOS 'Zweige'.
Der Phonemwert für auslautendes /-*n*, -*ŋ*/ in Oxytona ist aber eindeutig
gesichert[13].

Für /-*m*/ ergibt sich heute (*in*)*sǫm* < SUMMUM neben *sǫn* < SOMNUS, im
unteren Tal auch *fǒm* < FUNE neben *öŋ* < UNU; bezeichnend ist hier,
daß *öŋ* – *adöm* < AD UNU, bad. *uŋ* – *adüm* nicht einmal mehr als zu-
sammengehörig empfunden werden.

Die Liquida sind im Auslaut noch spärlicher vertreten, aber relevant:
čȋr 'Zirbe' – *čȋl* 'Himmel' gilt nur im Badiotischen, weil CAELUM > mar.
čȋ. Im Mar. entspricht zudem öfters *r* neben -L- auch -LL- (bad. *ёla* 'sie',
ȫlе 'Öl'; mar. *ęra, ęrе* etc.)[14]. Mar. gilt aber etwa /*kǭl*/ 'Hals' – /*kǭr*/ 'läuft,
3. Pers. Präs.'.

Das [*ị*] im Auslaut gilt als Vokal[15] und bildet mit anderen zusammen
Gruppen. Häufige Plurale wie [*kǭi*] zu *kǭl* < COLLIS, COLLUM können
vorerst zweisilbig als *kǭi* oder einsilbig als *kǫ́ị* gelten. Obwohl phonetisch

---

[13] Vgl. W. Belardi, *Sulle nasali velare e dentale finali di parola nel badiotto
del nord*, in: *AION 6* (1965) 187–198, der die gültige Unterscheidung von
-*n* und -*ŋ* gegenüber südlicheren Hör- und Graphiegewohnheiten betont
und mit einer Reihe von Belegen erhärtete.

[14] Sehr bezeichnender mar. Wortwitz: Ein Badiot kauft im mar. Zwischen-
wasser (Longega) ein. Der Kaufmann sieht, daß der Badiot eine Flasche
Öl einzupacken vergessen hat, läuft ihm nach und ruft: *l'ère, l'ère!* (das
Öl!). Da gibt dieser erst recht Fersengeld, denn bad. *lęrе* < LATRO, aber
ȫlе, ȫrе < OLEU.

[15] Zumindest nach Kurzvokal, mit dem *ị* eine Vokalgruppe bildet. Nach
Langvokal wäre auch -*y* als Auslautkonsonant denkbar. Eine Entscheidung kann erst aus genauer Kenntnis der Vokalfügung gefällt werden.

8

bei [*täi̯*] 'Feinflachs' – [*tät*] 'Dach' der Auslaut scheinbar kommutiert, müssen wir hier phonologisch kontrastierendes /*të*/ – /*tët*/ ansetzen, weil das /*ë*/ im Auslaut immer diphthongisch als bad. [*äi̯*], mar. [*ei̯*] auftritt. Das *y*- hat einen dem *ñ*- verwandten Status, es fehlt nämlich im Auslaut wie das [*ŋ*] im Anlaut.

Damit haben wir bisher im absoluten Auslaut die Phoneme /*p, t, k, f, č, š, s, m, n, ŋ, l, r*/ erhalten, denen im Anlaut /*p, t, k, f, č, ć, s, m, n, ñ, l, r, y*/ und /*b, d, g, v, ǧ, ž, z*/ gegenüberstehen, die schon bekannten 20 konsonantischen Phoneme.

PAUSA, FUGE UND INLAUT

Ehe man an die Kommutation inlautender Konsonanten denkt, stellt sich die Frage, ob es neben Anlaut und Auslaut überhaupt allgemein eine gleichwertige dritte Position gibt. Statistische Untersuchungen zu Morphemen im Kontext zeigen, daß im Zlad. bis zu 80% der Bedeutungsträger Einsilbler[16] sind; damit wird die Bedeutung inlautender Konsonanz wortphonologisch jedenfalls stark eingeschränkt. Grundsätzlich ist jedoch unabhängig von der Frequenzbelastung festzustellen, wie sich Folge und Fügung einzelner Segmente zueinander verhalten.

Die Pausa (*Π*) hat trennende Funktion, die vor allem auf syntaktischer Ebene bestimmte Segmente (Intonationsgruppen) scheidet, also eine Kola von der anderen trennt, aber damit auch in die Wortstruktur hineinreicht. Eine ähnlich trennende Leistung weisen in der Wortphonologie die Konsonanten und ihre Gruppenbildungen auf, und H. Weinrich[17] hat überzeugend nachgewiesen, daß die Pausa phonologisch den Status extremer Konsonanz einnimmt. Im absoluten Anlaut – der Satz und damit Wörter haben daran teil – treten nachweisbar auch im Zentralladinischen nach Pausa dieselben starken Varianten auf wie im Silbenanlaut nach Konsonant, etwa *Πʒ-, Πč-* wie -*l≠ʒ-, -n≠č-*.

Die Fuge dagegen ist Nahtstelle zwischen den Silben (≠) und damit auch zwischen den Wörtern innerhalb einer Intonationseinheit, und zwar – mindestens im Rätoromanischen – jeweils vor dem Kontrastmaximum zum Gipfelvokal nach dem Prinzip des schweren Silbeneinsatzes. Damit sind Geminaten mit konsonantischer Quantität – und einer Fuge im

---

[16] Vgl. Verf., *Zum Sprachtypus des Ladinischen und seiner Nachbarn*. In: *Der Schlern 43* (1969) 159ff. Der Prozentsatz bezieht sich auf freie und teilgebundene Morpheme, nicht nur auf Semanteme.

[17] H. Weinrich, *Phonologie der Sprechpause*. In: *Phonetica 7* (1961) 4–18. Vgl. dazu jetzt auch K. Heger, *Die liaison als phonologisches Problem*, in: *Festschrift W. v. Wartburg zum 80. Geburtstag*, Tübingen 1968, Bd. I, 47–69.

Kontrastminimum – unmöglich zu vereinbaren, und sie wurden auch gegenüber dem Latein in die Qualität verlagert: TIT ≠ TAT > *tä* ≠ *ta*. Gruppen wurden ebenso angepaßt: PUNC ≠ TA > *pún* ≠ *ta*, A ≠ NI ≠ TRA > mar. *á* ≠ *nǫ* ≠ *ra*, *á* ≠ *d(ẹ)* ≠ *na*, CA ≠ ME ≠ RA > *čá* ≠ *m(ẹ)* ≠ *na*, CIS ≠ TA > *čä* ≠ *šta*, LA ≠ TRO > *lę̄* ≠ *rę* etc. Damit können vor der Fuge nur mehr extrem stimmhafte Konsonanzen oder gar Vokale stehen, aber weder kräftig trennende, schwere Konsonanten noch Konsonantengruppen wie etwa NC ≠ im Latein. Die Fuge selbst aber wird dadurch in Parallele zu Vokalen und vokalnahen Konsonanten gestellt und – zum virtuellen Minimalvokal. Tonvokale unmittelbar vor der Silbenfuge – es sind die vielbemühten freien Vokale – können als Gruppen mit ≠ interpretiert werden und damit als starke Quantitäten; Tonvokale vor extrem stimmhaften Konsonanten wie *r, l* . . . werden ebenso integriert.

Wie die Pausa im Satzanlaut tritt satzphonetisch im Wortanlaut oder genauer im -auslaut gewöhnlich die Fuge an, nach einer Kola die Wortfuge (≠), in eine offene Fuge – etwa im letzten Auslaut eines Wortgefüges, einer Kola – kann wieder die Pausa eindringen. Wie ein einzelner Konsonant und eine echte Konsonantengruppe innerhalb einer Silbe (*ā* ≠ *ra* < ALA, *ā* ≠ *tra* < ALTERA) ist auch die Pausa eindeutig progressiv ausgerichtet, wenn wir von Randstrukturen jüngerer Oxytona absehen. Im Hinblick auf Stimmhaftigkeit neutral wie /S/, sichert eine Pausa die folgende Anlautkonsonanz vor Veränderung und Abbau: *štraŋ* < STRAMEN, *žbaves* < EXBABAS, *pāška* < PASQUA; *Πtrę̄s* < TRABES, *Πbäñ* < BENE, *Πkaŋ* < QUANDO, aber *pę́rę* < PATRE, *aväi* < HABERE, *rǭ* mar. *rǫ́a* < *ROVA, *ę́ga* < AQUA.

Tritt im Auslaut eine Pausa an, so klingt die letzte Silbe voll aus: *prǭΠ* (< PRAEBITER), *dīΠ* (< DIU), *burtΠ* (< BRUTTU), aber *prǫ*≠, *di*≠, *būr*≠. Die Erhaltung der Langvokale vor *Π* steht in größerem Zusammenhang, wenn nämlich Vokallänge konsonantisch gedeckt sein muß, Langkonsonanten aber vokalisch abgeschirmt werden. Ein *-ā* bzw. *-ā*≠ stößt ebenso auf Schwierigkeiten wie ein *-nn* bzw. *-nnΠ*, weshalb sich auch etwa -ATO ~ -ATTO in Norditalien gewöhnlich als *-āt* ~ *-at* und analogen Weiterbildungen hält.

Die Leistung der Fuge steht jener der Pausa fast komplementär gegenüber. Extreme Stimmhaftigkeit führt hier zur regressiv wirkenden Sonorisierung der Konsonanz und zur Verstärkung der Klangfülle an der Fuge, und Konsonanten in der Fuge (Geminaten) wurden rückläufig abgebaut: *ǧā* ≠ *ta* < CAT/TA, *-ā* ≠ *da* < -ATA, *ā* ≠ *tra* < ALT(E)RA, *kā* ≠ *trǝ* < QUATTUOR, bad. *čáu* ≠ *sa* mar. *čā* ≠ *sa* < CAU(S)SA[18]. Ein *čǭ* ≠ *ra* < CAPRA und

---

[18] Ob lat. CAUSA oder CAPSA ('Hap') anzusetzen ist, wie J. Kramer, *Etymol. Wb. des Gadertalischen*, jetzt vorschlägt, ist in diesem Zusammenhang ohne Bedeutung. Allerdings habe ich Zweifel an der Bodenständigkeit von CAPTARE in den Dolomiten, wo regionales *accattar* und *acchiappare* in bedrohliche Nähe geraten mußte, vgl. *ciatè* und *ciafè*.

10

noch deutlicher $d\acute{e}u \neq ra$ < DE-AP(E)RIT bzw. -AT zeigen den einstigen Gegensatz zwischen v < P und der Fuge. Beide halten zwar die Quantität des davorstehenden Vokals, aber auf ganz verschiedene Weise. Die Vokalisierung des v bedingt nämlich eine Verschiebung der Silbenfuge, die phonetisch kaum feststellbar, aber phonologisch grundlegend ist: $\check{c}\acute{\underline{e}} \neq vra$ > $\check{c}\acute{e}u \neq ra$ > $\check{c}\bar{\underline{o}} \neq ra$; ein Vokal unmittelbar vor der Silbenfuge und schwacher Konsonanz ist lang, und eine Vokalgruppe hat ebenso Längenwert. Ähnlich kann auch die Oxytonierung über -A $\neq$ TU > $-\bar{a} \neq du$ > $-\bar{e}ut$ > $-\bar{e}v$ > $-\underline{e}\varPi$ > $-\underline{e}\#$ verlaufen sein.

Die Pausa und die Fuge bestimmen den Positionswert der umstehenden Phoneme im Sinne einer Zuordnung ebenso mit wie Phoneme, sind also nach ihrer Leistung im Verband Phoneme. Sie kontrastieren auch wie die entsprechenden Phonemklassen, die silbengipfelbildenden (kurz: silbischen) und die silbengipfelfügenden (kurz: fügenden), müssen jedoch innerhalb der zugehörigen Klasse kommutieren. Dabei ist allerdings zu berücksichtigen, daß wortphonologisch andere Gegebenheiten auftreten können als in der Satzphonologie, da die Wortfugen zwischen Silben- ($\neq$) und Satzfugen ($\#$) schwanken können.

Wortphonologisch wird ein freies Morphem als hochtonig (Intonation) und als betontes Satzglied (Satzwort) angenommen: $frag!\varPi \sim trag!\varPi$ als Imperative $+ \varPi$; (Was will er?) $Wein\ \varPi \sim fein\ \varPi$. Im Deutschen wie auch im Zentralladinischen sind diese Sätze als Ellipsen aber so zu fassen: $\varPi\ Wein\ (will\ er\ldots)$, $\varPi\ vi\eta\ (\bar{\varrho}\text{-}l\ldots)$, d.h. es sind als Sätze progressiv offene Wortfügungen.

Satzphonologisch verfügen alle freien Morpheme wenigstens über einen nichtreduzierten Silbengipfel, aber nur eines im Satzglied über einen vollwertigen Intonationsgipfel[19]. Dem Spannungsverhältnis zwischen Betonung und Intonation entspricht auch die Fügung mit Pausa, die vom stabilen Wortanlaut her als $\varPi b\underline{e}l\ \#\ \underline{e}\text{-}l\ \#\ i\eta k\ddot{o}\ldots$ (Hervorhebung) auftritt, als freies Morphem aber gewöhnlich $i\eta k\ddot{o}\#\ \underline{e}\text{-}l\ \#\ b\underline{e}l\ \varPi$ kennt. Als Einwortsatz muß also $\varPi\ b\underline{e}l\ \#$ '(so) schön' nach Pausae gelten wie $\varPi ja\#$ oder $\varPi nein\ \#$; als Satzglied – etwa prädikativ – muß $\ldots b\underline{e}l\ \varPi$ als normal, dagegen als Teil eines Satzgliedes – etwa attributiv – aber als $b\underline{e}l\ \#$ angesehen werden.

Wortphonologisch bildet die Tonsilbe also den Kern einer offenen regressiven Fügung, die man etwa so skizzieren kann:

---

[19] Es kam auch zur Lexikalisierung von derartigen Varianten, wie »schön ~ schon« bad. $b\underline{e}l - b\acute{e}l\partial$, mar. $b\acute{e}lo$ belegen.

Modell bad. Silbenfügung

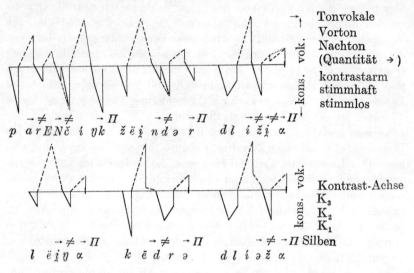

Tonvokale →
Vorton
Nachton
(Quantität →)

kontrastarm
stimmhaft
stimmlos

→ ≠ → ≠   → *Π*   → ≠ → *Π*   → ≠ → ≠ → *II*
p ar ENč i ŋk ž ë i̯ nd ə r   d l i ẓ̌ i̯ α

Kontrast-Achse
K_3
K_2
K_1

→ ≠ → *Π*   → ≠ → *Π*   → ≠ → *Π* Silben
l ë i̯ ŋ α   k ē d r ə   d l i ə ž α

Modell bad. Wortfügung

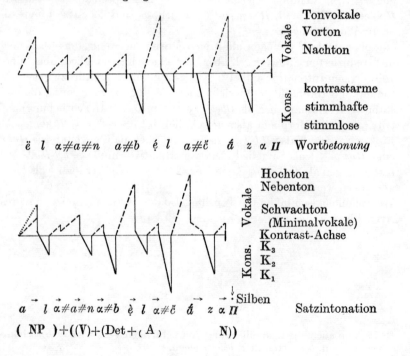

Tonvokale
Vorton
Nachton

kontrastarme
stimmhafte
stimmlose

ë l α#a#n a#b ẹ̇ l a#č ấ z α II Wortbetonung

Hochton
Nebenton

Schwachton
(Minimalvokale)
Kontrast-Achse
K_3
K_2
K_1

→ ↓ Silben
a → l α#a#n α#b ẹ̇ l α#č ấ z α II   Satzintonation
(NP)+((V)+(Det+(A)   N))

12

In recht eigenartiger Weise sind im Gadertalischen Wort und Satz gegenläufig geöffnete Fügungen, wie auch folgende Überlegung zeigt: Die Pausa drängt sich zwischen die Segmente, die Fuge – bzw. Silbe nach der Fuge – reicht rückläufig in die vorangehende Silbe hinein. Daher kann grundsätzlich zwar die Fuge für eine Pausa im Auslaut eintreten[20] (also im Wortgefüge), aber nicht Pausa für eine Fuge im Vorton, der damit ja voll restituiert werden müßte (Silbengefüge). Das sieht im Vergleich so aus:

Wortfügung (Satz): Π *Lə* $\neq$ *pę́rə*

                  Π *Lə* $\neq$ *pęr(ə)* $\neq$ *vằñə*

                  Π *Lə* $\neq$ *pęr(ə)* $\neq$ *vä̀ñ(ə)* $\neq$ *in dumáŋ*

Silbenfügung (Wort):   *búrt* Π *täin* $\neq$ oder *tä* $\neq$ *ñə* Π

         bur $\neq$ *tằmp* Π

               číŋk Π *te* $\neq$ *ñí* Π

       čiŋ $\neq$ *dằič* Π

Damit ergeben sich als verschiedene Stellungstypen:

1. Anlaut, der nach Pausa wie auch nach »schwacher« Fuge (nachkonsonantisch) heute parallel gelagert ist (Π *K-*, *K* $\neq$ *K-*);
2. Anlaut nach offener Fuge (der sog. Inlaut, Fuge nach Vokal), der einige ambivalente halbkonsonantische Phoneme ausklammert (*V* $\neq$ *K-*);
3. Auslaut in schwache Fuge, der nur (gegenüber Vokalen) kontrastarme Konsonantenphoneme duldet (*-K* $\neq$);
4. Auslaut zur Pausa, der kontrastreiche oder ambivalente Konsonanz verlangt, aber stimmhafte Merkmalträger ausschließt (*-K* Π).

Wie noch zu zeigen sein wird, sind die beiden Anlautformen (1., 2.) vor allem für die vorläufig (progressiv) orientierte Fügung der Intonationseinheiten bedeutsam; das Ende eines Gefüges von Wörtern wird durch Intonationsmittel gekennzeichnet, eine Art endständigen Stimmführungskursus. Die beiden Auslautformen (3., 4.) sind Ausgangspunkte für die Silbenfügung, die rückläufig (regressiv) Betonungseinheiten erreichen läßt. Der sog. Inlaut ist aber damit einerseits eigentlich eine Position in der Intonationsgruppe oder Kola (im Satz) und nicht im Wort; zum andern handelt es sich nur um einen Sonderfall im Rahmen der umfassenderen Anlautposition. Die Kommutation »inlautender« Konsonanten würde also entweder zur Satzphonologie führen oder zur Phonemkombinatorik an der Silbenfuge. Zuvor sind jedoch noch einige Voraussetzungen im Phoneminventar herauszuarbeiten.

---

[20] Im Satz werden die Wörter »gefügt«, indem Anpassungen und Reduktionen im neuen Fugenauslaut auftreten – eine wichtige Ursache für analoge Reduktionen der vollen Auslaute vor Pausa. Der Anlaut jedoch ist – anders als in der Toskana – hier durchaus fest. Unter einer Fügung von sprachlichen Elementen verstehe ich – im Gegensatz zur rein aneinander-

VOKALPHONEME IM BADIOT

Die große, mit den Konsonantenphonemen kontrastierende Klasse der Vokalphoneme ist funktional gekennzeichnet durch ihre Stellung im Silbengipfel. Daher kann auch die Stimmhaftigkeit, die bei einigen Konsonantenklassen zwar Merkmal, aber dennoch gerade als solches neutralisierbar ist, bei Vokalen nicht aufgehoben werden und reicht über den einfachen Merkmalcharakter weit hinaus. Wir sprechen daher bei Vokalen besser von Schallfülle[21], die einmal mehrere Stärkegrade gegenüber der aufhebbaren und damit wesensverschiedenen Antinomie merkmalhaft – merkmallos erlaubt, zum andern ebenso nach Quantität und Qualität je nach Betonungsverhältnissen anders variiert werden kann als die Stimmhaftigkeit bei Konsonanten. Wie die Geräuschlaute bei der Fügung von ihrer unmittelbaren Umgebung in der Lautkette stark abhängig sind, so sind die Schallfüllelaute annähernd von der Betonungsstärke und weiterhin von ihrer rhythmischen Umgebung bestimmt.

Um für die Vertauschprobe auch von der Betonung her gleichwertige, nur im Silbengipfel verschiedene Minimalpaare zu erhalten, müssen wir reduzierte oder nicht unbedingt eigentonige Bedeutungsträger oder Signifikanten ausklammern. Es dürfen also nur einerseits hochtonfähige Wörter, andrerseits auch wirklich hochtonige Formen einander gegenübergestellt werden, wenn man das volle Vokalinventar ermitteln will. Wie stark die Reduktion besonders den Schwachtongipfel, meist im Schatten eines Hochtons, aber auch noch den Nebenton treffen kann, zeigen mit aller Deutlichkeit in der Formen- und Wortbildung echte Pronomina neben Flexionsmorphemen. Auf die Frage: Wer ist krank? kommen Hochtonformen wie *yŏ* (*suŋ amarę̂*) 'ich', auf die Frage: Singst oder sprichst du? kommt *i čántə*. Ebenso stehen *nǫs* 'úns' und *sə* (mar. *nęs*) 'uns', aber auch *kę̂rta* 'Karte' und *kartę̂* 'K. spielen' nebeneinander.

Während das Phoneminventar des Gadertalischen im Bereich der Konsonanten eigentlich nur wenig fragliche Segmente aufweist (wie etwa im Toskanischen der Vokalbereich), häufen sich bei den vokalischen Phonemen ungelöste Fragen. Die Segmentierung der Silbengipfel im Gebiet des Dolomitenladinischen läßt jedenfalls bedeutend mehr frei verfügbare Funktionseinheiten erwarten als in der Südromania, da den vorwiegend einsilbigen und konsonantisch auslautenden Signifikanten des Ladinischen

---

reihenden Folge – die Verzahnung von Segmenten im Kontakt, wobei das schwächere sich durch Einpassung oft verändert und das Segmentgefüge auf eine Gruppenbildung hintendiert, deren Leistung über die der reinen Summe hinausgeht.

[21] Vgl. N.S. Trubetzkoy, *Grundzüge der Phonologie*, Göttingen o.J. ([4]1967), 86ff.; ich halte es für besser, Korrelationen distributiv zu deduzieren als von der Artikulation her zu postulieren.

dort zwei- und mehrsilbige mit gleicher Leistung entsprechen[22]. Die Reduktion längerer Wortkörper auf die Hochtonsilbe ermöglicht einerseits energieaufwendige Leistungseinheiten, seien es einzelne Phoneme oder Gruppen, erfordert aber andrerseits auch komplexere Silben mit Elementen aus breiter differenzierten Phoneminventaren und entsprechender Kombinatorik.

Beginnen wir, analog zum Anlaut bei den Konsonanten, mit den auslautenden Vokalen. Von den betonten Einsilblern kommutieren etwa bad. *da* 'gib!', *dę* 'geben', *dẹ* 'Tag', *di* 'sagen', oder *pa* 'Pfähle', *pẹ* 'scheint, 3. Pers. Präs.; Pfahl', *pę* 'Fuß', ebenso *sa* 'weiß, 3. Pers. Präs.', *sę* 'Salz', *si* 'Zaun' und *sọ* 'sein, ihr, Sg. mask.', *sǫ* 'Schwester', *su* 'allein', und *sëi* 'Durst', *sö* 'hinauf', *sü* 'seine, ihre, Plur. mask.'; die Beispiele lassen sich unschwer vermehren mit Reihen wie *tę* 'dir; nimm!', *tẹ* 'solch', *tọ* 'dein', *tǫ* 'nehmen', *tëi* 'Feinflachs', *tö* 'dú', *tü* 'deine, Plur. mask.' etc. Auch mehrsilbige Oxytona zeigen dieselben Phoneme als Tonvokal, sie kommutieren jedoch wegen des längeren Lautkörpers viel seltener: *firá* 'gesponnen, Plur. mask.', *firẹ̈* 'spinnen'; *urẹ́* 'Euter ansetzen', *urëi* 'wollen', *urí* 'Ölzweig'; *parẹ́* 'abwehren', *parëi* 'Wand; scheinen'; *parú* 'Sumpf; erschienen'; *kurẹ́* 'seihen', *kurí* 'decken', *kurú* 'Farbe'; *iŋží* 'betreffen', *iŋžö̌* 'hinunter', *iŋžǘ* 'betroffen' etc.

Als Inventar relevanter Vokalphoneme sind damit im Auslaut /a, ę, ẹ, i, ọ, ǫ, u, ö, ü/ gesichert. Das -*ëi* hat eine Sonderstellung, gilt möglicherweise als Gruppe und ist nicht eindeutig. Es verweist uns aber damit auf die Frage, wieweit Vokalquantitäten und -gruppenbildungen auftreten und welche Wertung diesen im Gadertal zukommt.

Obwohl im absoluten Auslaut je nach Belegort einige Quantitäten der Vokale schwanken, ergibt die Kommutation doch für das Oberbadiotische *fa* 'machen' – *fā* 'Bohne' – *fǭ* 'war, 3. Pers. Imp.', *tra* 'ziehen' – (*fi da*) *trę* 'Zwirn' – *trē̜* 'Balken'; *da* 'gib' – *di* 'sagen' – *dī* 'Gott; lange'; *ka* 'da' – *kǫ* 'wie' – *kǭ* 'Nest; brütet, 3. Pers. Präs.'; *ri* 'lachen' – *rī* 'böse' – *rǭ* 'Eichel' – *rǫ* 'Rohr' – *rǭ* 'Muhre' etc.; damit sind /ā, ē̜, ī, ǭ, ō̜/ als Langvokale faßbar. Der Quantität entsprechen im Ubad. und Mar. zum Teil auch Vokalgruppen:

obad.	*fā*	*trē̜*	*dī*	*kǭ*	*fǭ*	*rǭ*	*prǭ* 'Priester'	*träi*	*tāy*	*bráu*
ubad.		*díẹ*				*rǫ́u*	*prǫ́u*	*trẹ́i*	*tái*	*bráu*
mar.	*fáu*	*trẹ*	*díọ*	*kǫ́a*	(*ẹa*)	*rọ*	*prẹ́ọ* (:*grǭ*)	*trẹ́i*	*tái*	*bráo*

[22] Vgl. E. Urzì, *Analisi fonematica della parlata di Ortisei* (Val Gardena), in: *Quaderni dell'Ist. di Glott. Bologna* 5 (1960) 69–87. Leider ist mir die Dissertation nur in diesem Auszug bekannt, wo 21 kons. Phoneme und 8 Vokale herausgestellt werden. Bei den Vokalen wurden entweder die Gruppen biphonematisch gewertet oder aber die relevante Quantität übersehen, denn mit doppelt so vielen Vokalphonemen werden wir diesem Sprachstand eher gerecht.

Im Gadertal zeigt der absolute Auslaut, vorläufig nach Artikulations-merkmalen geordnet, folgende 16 Phoneme im Hochton (Badiot):

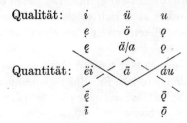

$$\text{Qualität:}\quad\begin{array}{ccc} i & ü & u \\ \underset{\cdot}{e} & ö & \underset{\cdot}{o} \\ \underaccent{\smile}{e} & ä/a & \underaccent{\smile}{o} \end{array}$$

$$\text{Quantität:}\quad \ddot{e}i \diagdown \widehat{\bar{a}} \diagup áu$$

$$\begin{array}{cc} \underaccent{\smile}{\bar{e}} & \underaccent{\smile}{\bar{o}} \\ \bar{\imath} & \bar{\underaccent{\cdot}{o}} \end{array}$$

Es müssen früher mehr Vokale gewesen sein, wie Lokalvarianten und Restphoneme (etwa óu > ẹu, ọa > ọ̄, áu > ā, ái > āy > ā, ie > ī) deut-lich zeigen. Im Badiot läßt sich dies so[23] darstellen:

$$(\bar{a}i) \rightarrow \qquad a \searrow \qquad \leftarrow \bar{a} \quad áu\ (?)$$
$$\ddot{e}i \qquad \underaccent{\smile}{\underset{\cdot}{e}} \ \underset{\cdot}{e} \ (\ddot{a}) \ \underset{\cdot}{o} \quad \underaccent{\smile}{\underset{\cdot}{o}} \ \leftarrow (\acute{o}a)$$
$$\qquad\qquad \underaccent{\smile}{e} \ ö \ \underaccent{\smile}{o} \quad \underaccent{\smile}{\underset{\cdot}{o}} \ \leftarrow (\acute{o}u)$$
$$(íe) \rightarrow \quad \bar{\imath} \ i \ ü \ u$$

VOKALSTRUKTUREN

Sosehr die Begründer der Phonologie sich auch bemühten, das Phonem als Funktions-Element eines Sprachstandes vom realisierten Sprachlaut ab-zuheben, zeigen sich doch bei Strukturalisten verschiedenster Richtungen auch heute noch nicht selten Begriffsbildungen des Phonems, die aus-schließlich in der Perspektive des Sprechers, in der Phonetik verankert sind.

Einerseits werden daher gern reine Inventare als Strukturen bezeichnet und nach phonetisch-artikulatorischen Merkmalen gegliedert, die nicht vom untersuchten Sprachstand abgeleitet, sondern eher von problemati-schen, allgemein postulierten oder von der Muttersprache des Forschers wesentlich bestimmten Gliederungsprinzipien her voreilig übertragen wurden. Die Affrikaten z. B., die Verschlußlaute und homorgane Engelaute funktional verbinden, sind in Norditalien zwar phonetisch eine klare Arti-kulationskategorie, jedoch phonologisch in diesem Teil der Romania keine eigene Klasse: Das beweist in Synchronien ihre Variation und ihre Kom-binatorik, die mit Engelauten wie auch mit Verschlußlauten grundsätz-lich parallel verläuft; in Diachronien legt es ihre Entstehung nahe, da etwa lat. C als k, ʒ - s, č - š oder č - χ aufscheint.

---

[23] Wir ordnen die Vokale im folgenden vom Schallmaximum a zum Mini-mum i und u und nicht nach dem Hellwag'schen Dreieck.

Andererseits werden oft Sprachstände als abstrakte Synchronien allzu mechanistisch zerlegt und atomisiert, ohne umfassenderen Leistungseinheiten wie Silben und Betonungsgruppen Rechnung zu tragen. Daß dies besonders im binären Geleise zu schiefen Resultaten führen kann, die eher durch technische als sprachliche Voraussetzungen bedingt sind und die zwar müheloser zu erreichen wären, aber gern am eigentlichen Untersuchungsobjekt vorbeigehen, scheint mir in manchen Arbeiten Tatsache zu sein.

In der nördlichen Romania tragen die Vokalphoneme im allgemeinen den größeren Teil der Sprachleistung als im Süden. Das läuft dem oberflächlichen Eindruck zuwider, ergibt sich aber aus mehreren Beobachtungen. W. von Wartburg verwies auf die nach Norden – in Italien z. T. auch nach Osten, Romagna – zunehmende Differenzierung der alten Vokalphoneme[24]. Diese Differenzierung ist auf verschiedenen Ebenen festzustellen: Einmal in einer Ausweitung der Vokalinventare für Hochtonsilben, zum andern in mehreren Reduktionsstufen gegenüber den Hochtonstrukturen.

Schon im Latein gab es wenigstens zwei verschiedene Vokalstrukturen sowohl nach Gestalt als auch nach Stellung der Tonsilbe. In der Stellung der Silbe beweist die Betonung – paroxyton und proparoxyton – zweierlei Wertung der Vokale. Im Gefüge blieb etwa die Unterscheidung -ANUM: ANNUM bzw. -ĀNU:ANU grundlegend, die allerdings in Quantität oder Qualität des Vokalphonems, des Konsonantenphonems oder auch noch mit anderen Merkmalen gewahrt werden konnte.

Ob die Opposition in der Quantität der Konsonanten blieb, auf die Vokale überging, als Qualität, Gruppe oder Gefüge gewahrt wurde oder in einer Kollision unterging, dafür waren verschiedene und meist recht komplexe Gründe maßgebend. Die relevante Unterscheidung von Quantitäten setzt besonderen Silbenschnitt (und in überwiegender Frequenz), ganz bestimmte Gruppenbildung und entsprechend beschränkte Kontrastgefüge voraus.

Die Quantität von Konsonanten wie auch Vokalen ist also direkt abhängig von der möglichen Stellung des Phonems, was meines Erachtens noch nicht genügend beachtet wurde[25]. Eine systematische Opposition von Kurz- und Langkonsonanten scheint im Auslaut von Signifikanten unmöglich zu sein, wobei denkbare Einschränkungen (vor satzphonetisch analogem allgemeinem Vokalanlaut der Wörter und entsprechenden

---

[24] Vgl. W. v. Wartburg, *Ausgliederung* S. 142: »Die Differenzierung der Tonvokale in freier und gedeckter Stellung hat also von den Alpen bis an das Südende der Halbinsel eine wechselnde, im wesentlichen abnehmende Stärke.«

[25] Vgl. Verf., *Strutture intime del ladino*, jetzt in: *Atti del Congresso internat. di ling. e trad. pop.*, Società Filologica Friulana 1969, 65–78, wo der Gedanke breiter ausgeführt wurde.

Grenzsignalen) hier kaum ins Gewicht fallen: it. *fatto~fato, anno~(s)ano*,
aber frz. *faite~fée, an~(m)ain* oder bad. *(f)āt~(d)ę, ān~(m)aŋ* etc.
In Sprachständen mit Langkonsonanten müßte etwa *-tt* vor *t-* in der
Wortfuge zu unmöglichen Überlängen führen, die als *-tt≠t-* wie *-ttət-*
oder *-tt-* gehört würden. Dies legen nämlich Lautstände ohne Langkonsonanten (Geminaten) nahe, die sehr wohl Längen der Konsonanten kennen,
aber dann als Grenzsignale werten, etwa bad. *əŋ müt≠tut≠tę štüa* 'ein
in der Stube gefaßter Bursche'; häufiger wird hier allerdings das Zusam-
mentreffen vermieden, etwa bad. *burt*, aber *būr ≠ tëmp* 'Schlechtwetter'.
Langkonsonanten können, wie schon H. Weinrich[26] feststellte, nicht in
starker Stellung auftreten.

Parallel dazu setzt die Scheidung von Kurz- und Langvokalen in der Ton-
silbe ganz bestimmten konsonantischen Auslaut voraus, den auch die
Pausa nach der Sprechkola nicht recht ersetzen kann, ohne die Vokal-
quantität zumindest in Frage zu stellen. Wo im Vokalauslaut die volle
Quantitätsskala der Hochtonvokale erhalten bleiben soll, treten in den
Dolomiten gern Vokalgruppen (Diphthonge) für die Längen ein, wie
Ubad. und Mareo zeigen.

Sehen wir uns die Stellung genauer an, die Quantitäten erst ermöglicht,
so stehen sich Vokale und Konsonanten wiederum diametral gegenüber.
Beide setzen als quantitativ differenzierbare paradigmatische Phonemklassen ganz bestimmte, aber entgegengesetzte Kontrastgefälle auf
syntagmatischer Ebene voraus:

Langkonsonanten gehören nicht wie gewöhnliche einfache Konsonanz zu
einer einzigen Silbe, sie reichen rückläufig in die vorausgehende Silbe hinein, stehen so – als Sonderfall einer Gruppe – zugleich im An- und Auslaut
derselben Fuge (eigentlicher Inlaut). Deshalb konnten auch Langkonsonanten überall dort nicht auftreten, wo an Stelle der Fuge eine Pausa oder
ein Silbenschnitt zwischen oppositiven Phonemen gegeben ist. So sind
absoluter Anlaut (ital. *Πpane, Πprato* etc.), absoluter Auslaut (bad. *lętΠ*,
tęrtΠ) und Silbenanlaut nach Konsonant (ital. *tal≠pa, cor≠po*) ausgeklammert. Sprachstände mit Langkonsonanten werden daher dem entsprechend viel extreme Silbenfugen – kontrastlose und lediglich positions-
oppositive vom Typ *fat≠to, quat≠tro* neben oppositiven wie *par≠te* und
kontrastierenden wie *da≠to* etc. – und wenig Pausae aufweisen. Dafür
treten die Langkonsonanten und gleichwertige Gruppen als negative
Grenzsignale ein, da sie nur im Inlaut auftreten können.

Ein Langvokal ist wie jedes Phonem, das Silbengipfel bilden kann, auf
eine Silbe beschränkt – und dennoch reicht auch der Langvokal in seiner
Leistung über die Silbengrenze hinaus, wie wir gleich sehen. Der relevante,
also eigentlich phonematische Langvokal – ebenso eine Art Gruppe wie

---

[26] H. Weinrich, *Phonologische Studien* S. 242: »die Gruppen *r, l* + Konsonant ... gelten im Vulgärlateinischen als Langkonsonanz, denn sie stehen
nicht im absoluten Anlaut und nach Konsonant.«

die Geminate – hängt weitgehend von der Folgesilbe ab, von deren Gestalt und Stellung. Er kann sie sogar vorwegnehmen.

Es fällt im Gadertalischen auf, daß in den verbliebenen Proparoxytona
wie auch in den Paroxytona ohne *-a/-as* kaum lange Tonvokale auftreten:
sëmena zu SEMITA, *fómena* < FEMINA, *ánọra* < ANITRA, *mántia* < MANTICA,
dọmënia < DOMINICA, *sábeda* < *SABATA; *lǘnẹš* < INDICE, *lítsẹ* < *LISIU,
kọ́nẹ < CUNEU, *mánẹ* < MANICU, *sẹrtlǝ* < SARCULU, *kríblǝ* < CRIBULU. Varianten derselben Wörter wie Dubletten oder Lokalformen zwingen uns
jedoch zum Vergleich, der ganz klar die Kürzungstendenz und kompen-
sierende Längung des Tonvokals aufzeigt: grödn. *fëna* 'Frau' etc.; bad.
dlížia < ECCLESIA, mar. auch *dlīža*, *dọmënia* oder bad. *dumáña* wie *čántia*
< CANTICA oder mar. *čánča*, *fadíǝs* (FATICAS) → *fadīs*; *lǘnẹš* → bad. *lǔnš*,
kọ́nẹ → *kọ̄n*, PATRE > *pẹ̄rẹ* → bad. *pẹ̄r*, *TEXIATRU > *tišẹ́rẹ* 'Weber' → bad.
tšẹ̄r etc. Langvokale treten bei diesem Worttypus nur sekundär auf, etwa
bei PAUPERU > *pọvre > *péurẹ* > *pọ̄rẹ/pǔrẹ*[27], dagegen aber *pūr* < PURU.
Damit ist ein sehr direkter Zusammenhang relevanter langer Tonvokale
mit den Nachtonvokalen gegeben, und Versuche zeigen, daß grundsätzlich der schwache Vokalauslaut fallen kann, wenn eine Ersatzdehnung
möglich ist. Bei *līžẹ* < LEGERE, älter *līžẹr* hört man nicht etwa »*līš*«, sondern *lí*, bei *bëirẹ* < BIBERE ebenso *bëi*: ohne Ersatzdehnung fällt die ganze
Auslautsilbe, um die Tonsilbe paradigmatisch nicht zu verschieben. Denselben Sinn hat auch die Palatalisierung wie die des -CA, eigentlich eine
versteckte Dehnung vor -A und analog zu anderen fem. Paroxytona gelagert: *lítse* – *lítsia*

   lëdẹ – *lëdia* (zu LEDIG)

   pǔk[28] – *pǔča* < PAUCA u. a.

Es stehen damit gleichwertige Formen in verschiedenen Paradigmen, die
durch Umdeutungen von Gefügen mehrwertig sein können. Sehen wir uns
einmal die mittlere, dentale Serie daraufhin an:

	+PTA	+PTU	+TTA	+TTU	+CTA	+CTU
I	*škríta*	*škrit*	*vëta*	*mät**	*díta*	*dit, lit*
E		*sẹt**		(*belẹ́t*)	*žẹ́ta*	*tät/štlẹt*
A	*rāta*	*at*	*ğāta*	*ğāt*	*fāta*	*lāt**
O	(*bọ́ta*)	(*bọt*)	*dǔta*	*müt*	*kóta*	*ọ̄t*/nöt**
U	*rọ́ta*	*rọt*	*agọ́ta*	*bọt*/gọ̄t*	*súta*	*früt*

	+TA	+TU	+RTA	+RTU	+VTA/YTA	+VTU/YTU
I	*kirída*	*kirí*			*dëida*[x]	*frëit*
E	*sëda*	*ažëi*	*vërda*[x]	*ërt*		
	kīta	*kīt*				
A	*-āda*	*prẹ/marčẹ́*	*kẹrta*	*ẹ̄rt*	(*āutra*)	*čält*

---

[27] Vgl. W. Th. Elwert, *Mda. des Fassatals* S. 62, Anm. 261.
[28] Es entsprechen sich *pǔk* = *pük*+*ǝ*, *pǔča* = *pük* + *y* + *a*. Auch *č* < TI,
ğ, ñ und *y* haben ähnliche Funktion.

+PTA	+PTU	+TTA	+TTU	+CTA	+CTU
kóda/dǭda	*möt/prȫt*	*búrta*	*burt*[29]	*ǭta*	*ȫt*
o *róda*	*nu*	*sūrdaˣ/kǭrdaˣ*	*kūrt/sǭrt**	*rǭdaˣ*	*tut*
u *parŭda*	*agú̆*	*kűrta*	*kürt*	*ȫta*	*ȫt*

NB.: Nachgestelltes *: ohne Umlaut

Nachgestelltes ˣ: mit -D-

So erhalten wir in Paroxytona: in Oxytona:

äi	*ä*		*ā*	*(áu)*	*äi*	*ä*	*ā*
		ǫ	*(ǭ)*				*ǫ* *ǭ*
	ę *ö* *ǫ*	*(ǭ)*			*ę* *ö* *ǫ* *ǭ*
ī *(i)* *ü*					*ī* *i* *ü* *u*
(ǭ̄)					*ǭ̄*

Vor *r* (mit *ę̄, ë, ǭ, ū, ü*) und altem v oder auch ʏ finden wir nur Ergebnisse einer deutlichen Längung. Es dürfte aber wenig Sinn haben, das Paradigma nach phonetischen Merkmalen strukturieren zu wollen. Aufschlußreicher ist wohl das Verhältnis von Gestalt und Leistung, das sich in der Synchronie abzuzeichnen beginnt. Vor starker Konsonanz (etwa den Gruppen -ᴘᴛ-, -ᴛᴛ-, -ᴄᴛ-) zeigen die

Paroxytona: und die Oxytona:

i	*ä*	*i*	*i*	*ä*	*i*
	ę/ę̄	*ę*	*ę*	*ę*	*ä/ę*
ā	*ā*	*ā*	*a*	*ā*	*ā*
	ü/ö	*ö*	*ǫ*	*ü*	*ǭ/ö*
ǫ	*ǫ*	*ü*	*ǫ*	*ǫ/ǭ*	*ü*

Es stehen paroxyton 3–5–5 (7 verschiedene) und oxyton 5–5–7 (11 verschiedene) Vokale im Paradigma, die aufeinander projiziert werden – mit affinen konsonantischen Gefügen wie etwa -ᴍᴘᴛ-, -ɴᴛ-, -ɴᴄᴛ- (und -ᴍɴ- = -ɴɴ-, -ɢɴ- = -ɴʏ-). Wir werden bei den Nasalfügungen darauf zurückkommen und vergleichen zuvor die anderen erhaltenen Konsonantenfolgen (-ʟᴛ-, -ʀᴛ-), wozu auch -ᴛ- als -≠ᴛ- zu zählen ist, in ihrer Distribution:

Paroxytona				Oxytona			
			i				*i*
			ä				*äi*
			ī				*ī*
ā	*ę̄*		*ā*		*ā*	*ę*	*ę*
			ǫ				*ǭ̄*
ǭ	*ǭ*		*ǫ*		*ǭ*	*ū/ǭ**	*u*
			ü *ü*			*u* *ü*	*ü*

---

[29] Späte Metathese erklärt hier wohl die unterbliebene Längung, vgl. mar. *bǫrt*, engad. *brüt*. Es geht uns in diesem Zusammenhang um das synchrone Vokalinventar in einer ganz bestimmten Stellung, nicht um Lautentwicklung.

Das frühere Paradigma ist konsequent weiterentwickelt mit paroxyton 3–5–7 (9 verschiedenen) und oxyton vermutlich 5–5–7 (wenigstens 10 verschiedenen) Vokalen. Wenn diese sich nun überlagern, so ergibt dies paroxyton einmal

$$\underline{\ddot{a}ida} \qquad \ddot{a}ta/_{da} \qquad\qquad\qquad \bar{a}ta/_{da} \quad (\acute{a}uta)$$

$$\underline{\varrho ta}/_{da} \quad \bar{\varrho}da$$

$$\varrho ta \qquad\qquad \ddot{o}ta \quad \underline{\varrho ta}/_{da} \quad \bar{\varrho}ta/_{da}$$

$$\bar{\imath}ta \quad ita/\underline{da} \qquad \ddot{u}ta/\underline{da}$$

$$\bar{o}ta$$

Das sind 9 Vokale vor -*da* und 11 Vokale vor -*ta*, zusammen 20 verschiedene Folgen (mit weiteren 6 Überschneidungen).

Oxyton erhalten wir dann:

$$\ddot{a}it/\underline{\emptyset} \qquad \ddot{a}t/\underline{\emptyset} \qquad\qquad\qquad \bar{a}t \;(\acute{a}ut)$$

$$\underline{\varrho\emptyset} \qquad\qquad \varrho t \quad \bar{\varrho}t$$

$$\underline{\varrho t/}_{\emptyset} \quad \ddot{o}t \quad \varrho t \quad \bar{\varrho}t$$

$$\bar{\imath}t \quad it/\underline{\emptyset} \qquad \ddot{u}t/\underline{\emptyset} \quad ut/\underline{\emptyset}$$

$$\bar{o}t$$

Das sind 14 Vokale vor -*t* und 7 Vokale vor $\#$, zusammen 21 verschiedene Fügungen (mit weiteren 6 Überschneidungen). Man wird nicht umhin können, den oxytonen Auslautvokalen (vor $\#$) einen Gruppenstatus zuzuerkennen: sobald sie durch Konsonanz gedeckt werden, klingen sie voll – d.h. lang – aus, etwa ... *prāII*, *payēII*, mar. *prę - pręZ*; die einzige Vokalkürze *ë* tritt nur als Gruppe -*ái*, -*ei* auf.

Bei den Paroxytona sind die alten Vokalquantitäten, Länge vor D und Kürze vor T, durch die Einordnung der Konsonantengruppen weitgehend verschoben und fast unkenntlich geworden. Bei den Oxytona drangen vor -*t* die Langvokale nach, denn -*II* in der Nachfolge des -*T*- > -*d*- weicht in der Fuge dem Minimalvokal $\#$ und es entstanden somit auslautende Gruppenphoneme. Dadurch wurden vor -*t* wiederum die Vokallängen frei verfügbar. Dies wird klarer wie auch einige historische Verschiebungen, deren Spuren wir in der Schichtung von Paradigmen erkennen können:

proparoxyton -TTA -CTA -TA → bad. -ta -ta -da

```
                     i      i                     i    ī
             ë     ẹ  <  ë/ī               a    ẹ  <  i/a
             ā     ā     ā                 ā    ā     ā
             ü     ö  <  ọ/ọ               ọ    ö  <  ọ/ọ
             ọ     ü     ü                 ü    ü     ü
```

oxyton -PTU -TTU -CTU -TU → bad. -t -t -t -t/#

```
        i      ẹ      i     i#                   i    ẹ    i     ī
        ẹ      ë   <  ẹ/ë   ëi/ī                  ẹ    a <  ẹ/a   i/éi
        a      ā      ā     ẹ#/ẹ#                 a    ā    ā  <  ẹ/ẹ
        ọ      ü   <  ǭ/ö   ő/u#                  ọ    ọ <  ǭ/ö   ő/u
        ọ      ọ      ü     ü#                    ọ    ü    ü     ü
```

Auffällig ist die gerade Zahl der Vokale in den konservativeren Strukturen, etwa vor alten Gruppen (-PT-, -TT-), gegenüber den breiteren Paradigmen mit ungerader Anzahl der Vokalphoneme, die also auf Neuerungen zurückgehen dürfte. Die gerade Zahl der Vokale hängt wohl mit der Einbeziehung des AU, die ungerade mit der des AI > ẹ zusammen; beide Systeme sind abhängig von der Folgelautung, etwa von PT, MT – CT, NCT etc. Daß im Gadertal die ungeraden Paradigmen stark im Vordergrund stehen, wenn nicht wie etwa bei mar. ö > e[30] spätere Kollisionen das Bild änderten, zeigen die folgenden Skizzen zu »Überschneidung und Belastung im Vokalparadigma«.

Die mehrfache Beanspruchung eines Vokals in affinen Paradigmen bedeutet sicher Belastung und damit Verlagerung des Schwergewichtes im Vokalstand von *i – a – o – ü* (paroxyton) auf *e – a* bzw. *ë* (oxyton), eine Art Palatalschub.

Ebenfalls in der mittleren Konsonantenserie, der *t*-Serie, steht das *s*, dessen Fügung mit Vokalen wir noch vornehmen wollen:

(-ss-):	-SSA	-XA	-SSIA	-TTIA
I	mäsa		píša	fítsa
E		(sīs)	präša	pẹ́tsa
A	māsa	lāša	grāša	čátsa
O	čáusa/grọ̄sa	kọ̄sa	(ọ̄š)	
U	rọ́sa			

---

[30] Etwa ROSA > bad. *rọ̄za* > mar. *rẹ́za*, COXA > bad. *kọ́sa* > mar. *kẹ́sa*; bad. *liọ̆za* 'Schlitten', mar. ubad. *lọ̆za* < *SLODIA, aber MODIA bad. *mọ́ya*, mar. *mẹ́ya* (Anter*mọ́ia* – Untermoi).

22

Überschneidungen im Vokalparadigma:

Paroxytona
(Badiot)

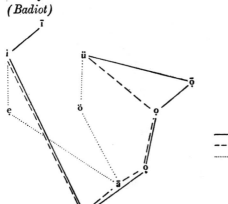

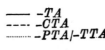

——— –TA
– – – –CTA
·········· –PTA/–TTA

Oxytona
(Badiot)

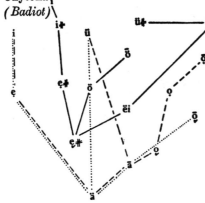

——— –T–
– – – –CT–
·········· –PT–/–TT–

Paroxytona

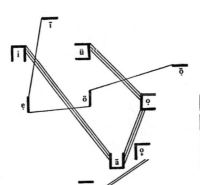

*nach Belastung
und Über-
schneidungen
bei Tonvokalen*

mit –TA
mit –PTA
mit –TTA
mit –CTA
(Badiot)

23

Oxytona

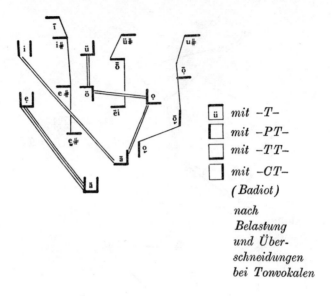

$\boxed{\text{ü}}$ *mit –T–*

$\square$ *mit –PT–*

$\square$ *mit –TT–*

$\square$ *mit –CT–*

    (Badiot)

    nach
    Belastung
    und Über-
    schneidungen
    bei Tonvokalen

Vokalparadigma vor –N–:
(Mareo)

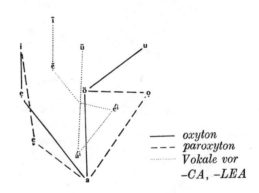

——— *oxyton*
– – – *paroxyton*
········· *Vokale vor*
    –CA, –LEA

Vor -s- entsprechen den Vokalen (E/Ē, O/Ō):

	-SA	-SIA	-TIA	-DIA	-SIU	-SU	-CE
I	*špīza*	*čamäža*	*čavätsa*	*-äya*	*Vĭžę*	*dęžlīs*	*pätš*
E	*mäza*	*dlížia*	*prīža*	*mėza*		*pëis*	*dĭš*
A	*čāza*	*(ážia)*	*platsa*	*-āya*	*Blāžę*	*nęs*	*pęš*
O	*rŏza/-ǫza*	*(nęša)*	*(rǫts)*	*lióza*	*Ambrŏžę*	*-ūs*	*kŏš*
U	*mŭza*	*(lŭžia)*	*pŭtsa*	*-ŭya*		*mūs*	*krūš*

24

Man vergleiche in den Paroxytona einmal die Auflösung der Gruppen:

-oss-   -ox-   -ossy-   -oce   -ausy-   -oty-   -os   -ody-   -os-
-ǭs-   -ȫs-   -ǭš-   -öš   -ę̄š-   -ǫts-   -ūs   -ȫz-   -ǫz-

Langvokale, Gruppen, Palatalvokale und wiederum Langvokale sind unschwer zu belegen. Die Vokaldifferenzierung überwiegt die der Konsonanten ganz offensichtlich, denn neben teils stellungsgebundenen *S* – *Z*, *Š* – *Ž*, (*š* – *tš*, *s* – *ts*) finden wir

vor -*s*/-*ts*:   und vor -*š*/-*tš*:

$$\begin{array}{cccc}
\acute{a}i & \ddot{a} & \bar{a}\ (\acute{a}u) \\
\bar{\ę} & & \ǫ & \bar{\ǫ} \\
\bar{\ę} & \ę & \ǫ & \bar{o} \\
\bar{\imath} & \dot{\imath}\ (\ddot{u}) & & \bar{u} \\
& & \bar{\bar{u}} &
\end{array}$$

$$\begin{array}{cccc}
\acute{a}i & \ddot{a} & & \bar{a}\ (\acute{a}u) \\
\bar{\ę} & & \ǫ & \bar{\ǫ} \\
& \ę & \ǫ & \bar{o} \\
\bar{\imath} & \dot{\imath} & \ddot{u} & \bar{u} \\
& & \bar{o} & \bar{\bar{u}}
\end{array}$$

Die 14 Vokale vor -*s* zergliedern sich in 9 Langvokale (*ái, ę̄, ḗ* ...), 5–6 kurze Vokale (*ä, ę, i* ...) und 6 kurze Vokale (*ä, ę* ... mit *ü*) vor *ts*. Ganz ähnlich liegen die Verhältnisse vor -*š*, wo 9 Langvokale (*ái, ę̄, ī* ...), 6 kurze Vokale (*ä, ę, i* ...) und ebendie 6 kurzen Vokale vor -*tš* auftreten. Die ursprünglichen 10 angenommenen Vokale waren schon im Auslaut auf 16 angewachsen, und da sowohl *s* – *ts* (*s* – *ʒ*) wie auch *š* – *tš* (*š* – *č*) Positionsvarianten sind, nähert sich hier das Vokalinventar den 21 differenzierten Phonemen. Davon können und müssen einige Stellungsbeschränkungen aufweisen, besonders junge Phoneme wie *ö, ü*[31] oder auch archaische Reste (*áu*, etwa CAUS(S)a > *čáusa*, mar. *čāsa*).

Vokalstruktur im Gadertalischen (Maximum)

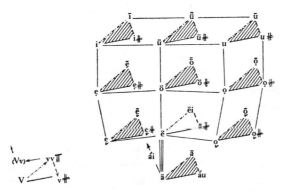

---

[31] Die beschränkte Bedeutung im Diasystem und im Paradigma sowie die entsprechende Frequenz im Syntagma beweisen, daß die relativ »kurzlebigen« Mittelzungen- oder palatalisierten Vokale, die wir ja sporadisch auch in archaischen dt. Dialekten Südtirols noch finden, hier eher Hilfestellung bei Umstrukturierungen leisten. Gröden hält wie Karnien noch die Diphthonge, Oberfassa, teils auch Kolfuschg und Enneberg haben das *ö* und erst recht das *ë* wieder ersetzt, Kolfuschg und sporadisch Enneberg auch schon das *ü* (Kolf. *mút*, mar. *möt*, bad. *müt*).

In der Theorie ergeben sich als Rahmen der Vokalphoneme im Diasystem maximal 10 qualitativ verschiedene Vokale mit möglicher Quantitäts- wie auch Gruppenwertung, also 30 Silbengipfelphoneme. Davon kollidieren jedoch mar. $ë - ę$, bad. $ë - a$ und in besonderen Fügungen auch noch einige andere wie $ái - a$, $ë - o$, $ö - ę$ etc.; damit sind höchstens drei Serien (Vor-der-, Mittel-, Hinterzungenvokale), bis auf das ubad. Übergangsgebiet drei Öffnungs- oder Schallfüllegrade und jeweils bis zu drei Quantitätswerte (etwa $i - ī - i\#$) gegeben.

Die Vokalstruktur zeigt ganz überraschende Parallelen mit dem Kon-sonantenparadigma, das auch drei Serien und drei Grundklassen (K_1, K_2, K_3) aufweist, wie sich zeigen wird.

FÜGUNG DER PHONEME

Die Vertauschprobe ergab 20 Konsonanten und 16 Vokale als Phonem-inventar des Gadertalischen. Nach zwei Seiten hin läßt aber dieses Er-gebnis Fragen und Zweifel offen: Einerseits nach einer klaren Scheidung von Phonemen und Gruppen, andrerseits nach einer sauberen Trennung von Phonemen und bedingten Varianten. Das Verfahren der Kommuta-tion in seiner gewöhnlichen Anwendung versagt hierin, jedoch leicht abweichende Ergebnisse im Inventar sehr nahestehender Sprachstände, die offensichtlich nach Raum und Zeit in dasselbe Diasystem gehören, lassen erkennen, in welchen Teilen des Systems Phonemwerte unklar sind.

Während die Distribution neben der Frequenz der einzelnen Phoneme geeignet scheint, deren möglichen Stellungswert erkennen zu lassen, kann die Vertauschprobe nur gleichwertige Phoneme oder Phonemgruppen von-einander abheben, die in der selben oder wenigstens teilweise gleichen Verteilung auftreten und klar hörbare Merkmalverschiedenheit aufweisen. Wer im Gelände Aufnahmen machte, hat erfahren, daß die Hörbarkeit eine gewisse – in der Praxis meist durch Sprachübung intuitiv erworbene – Gewöhnung an Merkmalsysteme voraussetzt, die leider vorerst subjektiv ist. Man muß auf ungewohnte Merkmale genau hinhören, um sie zu er-fassen, weiß aber vorerst nicht, ob das Merkmal in der gerade gegebenen »Scharfeinstellung« nun im Bündel relevant, konkomitant oder fakultativ ist. Hört man etwa in polyphoner Musik auf eine einzelne Stimmführung, so werden die übrigen entsprechend unscharf; hört man im orchestrierten Satz auf eine einzelne Stimme (etwa Bratsche), so tritt zwar diese klar heraus, aber auf Kosten der anderen, die als Hintergrund um so undeut-licher ineinander klingen. Die Vertauschprobe ist nun nichts anderes als eine solche auditive Scharfeinstellung auf ein ganz bestimmtes Segment der Phonemkette und damit auf die Orchestrierung seines Merkmalbündels. Die Opposition eines einzigen Segmentes bei unveränderter Umgebung rückt den Gegensatz zweier teilweise gleichen, nämlich kontrastfreien Merkmalbündelungen in den Brennpunkt und läßt dadurch deren divergierende Züge leichter erkennen.

Relevante Merkmale der Sprachsegmente müssen primär wohl hörbar sein. Die Hörbarkeit hängt aber zum Teil auch von der Scharfeinstellung (der subjektiven Gewöhnung) in der Perzeption ab. Nachdem nun die Verteilung der Redesegmente das Resultat der Kommutation bedingt, können Segmente mit komplementärer Verteilung nicht kommutieren. Nach dem derzeitigen Stand der Phonologie sind dies kontrastierende Leistungseinheiten wie Phoneme verschiedener Klassen (etwa Vokale und Konsonanten), aber auch Positionsvarianten eines Phonems (etwa Ton- und Reduktionsvokale); ebenso entziehen sich nach unserer Ansicht die Gruppenbildungen weitgehend der Vertauschprobe. Im Bereich dieser Segmente versagt also die Scharfeinstellung. Für Segmente komplementärer Funktion und vor allem für solche in Randstellung innerhalb ihrer Klasse, denen doch unter Umständen eine ambivalente Wertigkeit zukommen kann (wie Grapheme nahelegen), muß ein anderes Verfahren[32] angewendet werden: Die F ü g u n g s p r o b e.

VOKALGEFÜGE

Wie wir in der Morphologie noch sehen werden, müssen bei der Fügungsprobe Umlauterscheinungen berücksichtigt werden, auf die schon E. Gamillscheg[33] hinwies. Obwohl innerhalb des Formenbestandes eines Wortes der Ausgleich kräftig wirkte, sind doch neben *nü – nŏia, bun – bǫna* gerade im Tonvokal von semantisch loser verknüpften Nomina deutliche Spuren der älteren Morpheme (Sg., Plur.) zu fassen. Wie bad.

---

[32] Vgl. C. C. Fries–K. L. Pike, *Coexistent phonemic systems*, in: *Language 25* (1949) 50:»Evidence for the phonemic structure of a language is of two kinds: 1. phonetic and distributional data of the traditional kind; 2. the observable reactions of native speakers as they attempt to write or analyze their own language or to speak a foreign language.« Fast alle Ladiner verwenden stellungsbedingte Grapheme (*ng, cia, tg, gn* etc.); ein Grödner ist etwa im Deutschen leicht am *ę* vor *r* zu erkennen, sagt etwa [sę̄r] für »sehr«. Phoneme sind offenbar wie auch Wörter – mit Bedeutung als Resultierende möglicher Meinungen – nicht abstrakt, sondern nur für einen bestimmten Kontext realisierbar.

[33] E. Gamillscheg, *Zur Entwicklungsgeschichte des Alpenromanischen*. In: E. G., *Ausgewählte Aufsätze II*, S. 173.

firé < FILARE oder *mančé* < MANCARE neben *amaré* < *AMALARE oder *čatšé* < CAPTIARE, aber auch *këš* < ECCU ISTE neben Plur. *kĭš* < *kíešč* < *këstĭ nahelegen, sind die Extremvokale *i*, *u* sowie – im Kontakt – die Palatalkonsonanten nicht ohne Einfluß[34] auf die Tonvokale geblieben. Die Vergleichsformen der Fügungsprobe sind daher entsprechend auszuwählen.

Beginnen wir mit dem Vokalstand vor der Konsonantenklasse K_3, und zwar mit dem Gegensatz zwischen alten Langvokalen (*a*, *ai*, *e*, *i* und *au*, *o*, *u*) und Kurzvokalen (*a*, *e–i* und *o–u*).

Im Badiot gilt vor -M- und -MM- als Vokalinventar allgemein:

-MA: *rāma* zu RAMU, *karzäma* < QUAR(E)SĬMA, *štíma* und
       štǫ́ma < AESTIMAT, *štǫ́mẹ* < STOMACU, *fǘma* < FUMAT

-MMA: *flāma* < FLAMMA (*ǧāma* < GAMBA), *sẹtämbər* < SEPTEMBER,
       sǫ́ma < SUMMA (*tǫ́ma* zu *TUMBARE)

-MU: *raŋ* < RAMU (*štraŋ* < STRAMEN), *tämə* < TIMEO, *prüm* < PRIMU,
       lim(ə) < LIMEN
       pǫm < POMU, *füm* < FUMU, FUNE

-MMU: *ram*, *laŋ* < (ILLE) ANIMU, *gräme* < GREMIU, (*säme* < SOMNIU),
       plǫm < PLUMBU (*insǫ́m* < IN SUMMU)

d.h.   paroxyton vor altem -MA: $i - ä - ā \ - \varrho - ü + ma$
       paroxyton vor -MMA: $ä - ā \ - \varrho \quad + ma$
       oxyton vor altem -MU: $i - ä - a^* - \varrho - ü + m/\ ^*(+ \ \eta)$
       oxyton vor -MMU: $ä - a^* - \varrho \quad + m/\ ^*(oder + \eta)$

Im Mareo gilt, bis auf geringe Abweichungen, dasselbe Inventar:

-MA: *bráma* < *BRAMA, *karzẹ́ma* < QUAR(E)SIMA, *stíma* < STIMAT
       stǫ́ma < *AESTOMAT, *fǫ́ma* < FUMAT

-MMA: *fláma* < FLAMMA (*i̯áma* < GAMBA), *ẹ́ma* < EMMA
       sǫ́ma < SUMMA (*tǫ́ma* < *TUMBAT)

-MU: *ram* < RAMU (*štraŋ* < STRAMEN), *frẹm* < FIRMU, *límǫ* < LIMEN
       pǫm < POMU, *föm* < FUMU, FUNE, *löm* < LUMEN, *pröm* < PRIMU

-MMU: *ram*, *laŋ* < ANIMU, *grẹ́mǫ* < GREMIU
       sǫm, *sǫn* < SOMNE, *əŋsǫm* < IN SUMMU (*plǫm* < PLUMBU)

Also   paroxyton vor altem -MA: $i - \varrho - a \quad - \varrho - ö + ma$
       paroxyton vor -MMA: $\varrho - a \quad - \varrho \quad + ma$
       oxyton vor altem -MU: $i^{**} \ \varrho - a(^*) - \varrho - ö + m/\ ^*\eta/^{**}mo$
       oxyton vor -MMU: $\varrho^{**} \ a(^*) - \varrho \quad + m/^{**}mo$

Es wäre etwas voreilig, wollte man nun schon aus diesem Paradigma auf das Vokalinventar vor der Dental- und der Velarserie der Nasalkonsonanten schließen, wie folgende Überlegung zeigt: Schon im Latein wurden die hinteren Verschlußlaute aufgespalten, aus *k* wurde in Fügungen mit Vorderzungenvokalen *tš*; es folgte die Dentalserie vor *y* mit *ty* > *ts*; im

---

[34] Vgl. das Kapitel *Palatalisierungen* S. 56.

Norden kam in zusammenhängenden, größeren Gebieten noch *ka* > *ča* dazu, wodurch das *k* vor dem letzten systematisch erhaltenen Nachtonvokal verschoben und palatal verstärkt wurde. Die Belastung der Vokalfügungen mit velaren Konsonanten war also der Differenzierung nach zumindest zeitweise stärker als die mit labialen Konsonanten. Somit dürfte es sinnvoll sein, auch das Vokalparadigma vor dentalen Nasalen herauszustellen.

Vor N und vor NN gelten im Badiot:

-NA: *lāna* < LANA, *pläna* < PLENA, *ǧarína* < GALLINA
  bǫna < BONA (*sǫna* < SONAT), *lŭna* < LUNA

-NNA: *damána* < DEMANDA, *marëna* < MERENDA
  ǫna < UNDA

-NU: *maŋ* < MANU, *fäñ* < FENU, *liŋ* < LINU
  buŋ < BONU, *üŋ*, *adüm* < UNU

-NNU: *ān* < ANNU, *ǧäŋ* < VOLIENDO, *sän* zu SINN
  sǫn < SOMNU, *mǫn* < MUNDU, *altǫn* < AUTUMNU

d.h. proparoxyton vor altem -NA: $i - ë - ā - ǫ - ü$ $+ na$
  proparoxyton vor -NNA: $ë - a - ǫ$ $+ na$
  oxyton vor altem -NU: $i - ë* - a - u - ü(**)$ $+ ŋ/*ñ/**m$
  oxyton vor -NNU: $ë^x \bar{a} - ǫ$ $+ n/^x ŋ$

Im Mareo entspricht:

-NA: *lána, plę́na, iarína*   -NU: *maŋ, fęŋ, liŋ*
  bǫna (*sǫna*), *löna*   *buŋ, öŋ — adŏm*

-NNA: *damána, marę́na*   -NNU: *an, yęn, sęn*
  ǫna   *mǫn, daltǫ́n;*

also paroxyton vor -NA: $i - ę - a - ǫ - ö$ $+ na$
  paroxyton vor -NNA: $ę - a - ǫ$ $+ na$
  oxyton vor -NU: $i - ę - a - u - ö(**)$ $+ ŋ/**m$
  oxyton vor -NNU: $ę - a - ǫ$ $+ n$

Der Übersichtlichkeit zuliebe wurden nur die stärker belasteten Vokale einbezogen, gewöhnlich 5 Langvokale und die entsprechenden Kurzvokale, während es im Vulgärlatein häufiger 7 + 5 gegeben haben dürfte, worauf wir noch zurückkommen. Dabei zeichnen sich nun zwei verschiedene Teilstrukturen ab, eine für Tonvokale endsilbenbetonter Signifikanten oder Oxytona und eine wesentlich andere für Tonvokale, denen im gleichen Signifikanten noch weitere unbetonte Silben folgen, am häufigsten Paroxytona und selten auch Proparoxytona[35]. In Oxytona macht

---

[35] Das gilt ebenso für das Vokalparadigma vor der dritten Serie, die – entgegen phonetischer Erwägung – Vokale vor *ñ* betrifft: Paroxytona mit Tonvokal vor *-ma*, *-na* und *-ña* stehen neben Oxytona mit Vokal vor *-m* (*-ŋ*), *-ŋ* (*-m*, *-n*) und *-ñ* (= *i̯n!*), in denen offensichtlich die Artikulationsstelle des Nasals zur Neutralisierung hintendiert (*-NII*), dagegen *-n* ∼ *-ñ/-ŋ*, die der Tonvokal (Diphthong) klar scheidet. Vgl. dazu F. Hintze,

sich der Umlaut bemerkbar, der für Längen eintritt (etwa mar. u für $ǫ$), besonders im Badiot mit den symmetrisch gegebenen mittelgaumigen Vokalen $ë$ und $ü$.

Da Bedeutungsträger durch Flexion und Wortbildung allermeist in beiden Strukturen vertreten sind, kommt es natürlich öfters zu einem Ausgleich; dennoch darf für derartige Sprachstände als grundlegend gelten, daß ein Semantem in den verschiedenen zugehörigen Signifikanten eine beachtliche Streubreite entwickelt, auch wenn wir vorerst nur die Hochtonsilben im Auge haben.

Schwierig ist vor allem zu Beginn einer Untersuchung das tastende Abschätzen der Grenzen einer Phonemstruktur: Grundsätzlich spricht sehr viel dafür, daß Phonemgefüge wie die parallel gelagerten Wortstrukturen offene Systeme darstellen, deren Begrenzung – innerhalb bestimmbarer Randzonen – nur über die Frequenz ihrer Teile möglich ist. Wie sieht die vokalische Teilstruktur etwa vor Labialnasal aus? Im Badiot gibt es heute vor altem

$$\text{-MMA}: \quad ä - ā - ǫ$$
und vor -MA: $\quad i - ä - ā - ǫ - ü$

Die beiden sich überdeckenden Teilsysteme scheinen zueinander in Widerspruch zu stehen, denn es wird:

$$\left.\begin{array}{ll} \boxed{\text{I} \quad \text{U}} \\ \text{E} \quad \text{O} \\ \\ \text{A} \end{array}\right\} + \text{MMA} \rightarrow \left.\begin{array}{ll} a \quad ǫ \\ \\ ā \end{array}\right\} + ma \qquad \text{gegenüber:} \left.\begin{array}{ll} \text{I} \quad \text{U} \\ \boxed{\text{E} \quad \text{O}} \\ \\ \text{AE AV} \\ \text{A} \end{array}\right\} + \text{MA} > \left.\begin{array}{ll} i \quad ü \\ a \quad ǫ \\ \uparrow \\ ā \end{array}\right\} + ma$$

Auch im Mareo stehen sich ähnlich gegenüber: $\left.\begin{array}{ll} i \quad ö \\ ę \quad ǫ \\ \\ a \end{array}\right\} + ma$ und $\left.\begin{array}{ll} \\ ę \quad ǫ \\ \\ a \end{array}\right\} + ma$

Es legt sich nämlich ein zweistufiges Paradigma alter Kurzvokale über ein dreistufiges der Langvokale (vor $\neq$), und beide kollidieren – vorerst nur bei A – mit dem Fall der Qualität, die über Nasalierung zustande kam. Die 5 Vokalphoneme zeigen dann auf der dritten Stufe (-IM-/-UM-) die Spuren einer früheren Längung.

Sehen wir uns das Vokalinventar vor Liquiden einmal an:

-LA: $\quad siāra <$ SECALA, ($víla$ zu WEILE), $tära <$ TĒLA, $píra <$ PILA
$\qquad (ničǭra <$ NUCEOLA), $sǫ́ra <$ SŌLA, $m\mathring{u}la <$ MULA

-LLA: $\quad čavāla <$ CABALLA, $vidę́la <$ VITELLA, $äla <$ ILLA
$\qquad mǫla <$ MOLLA, $fǫla <$ FULLAT, ($miǫ́ra <$ MEDULLA)

Studia Linguistica 4 (1950) 16 Anm.: »Wenn ein Fall nur eine Lösung zuläßt, und ein anderer Fall dieselbe Lösung neben anderen zuläßt, so wird diese eine Lösung generalisiert.«

-LU: mẹ < MALU, (čĩl < CAELU), täi < TELU, fĩ < FILU
      (fažŏl < PHASEOLU), ku < COLU, kü < CULU
-LLU: ǧāl < GALLU, vašẹl < VASCELLU, äl < ILLU
      kọ̄l < COLLU, miọl < MEDULLU

Lat. Paradigma: Jedoch zlad. Paradigma:

vor -LA:	i	ä	ī	ā	ọ̄	ọ	ü	ī	i		ä	ā	ọ̄	ọ		ü
-LLA:	ä	ẹ	ā	ọ̄	ọ				ẹ		ä	ā	ọ̄	ọ		
-LU:	i*	äi*	ī	ẹ*	ö	u*	ü*	ī	i	ẹ	ä́i	ọ̄		u	ü
-LLU:	ä	ẹ	ā	ọ̄	ọ				ẹ		ä	ā	ọ̄	ọ		

(* Formen ohne -l, also mit auslautendem Vokal)

Hier zeichnen sich nun deutlicher als vor Nasalen Teilstrukturen ab,
die erkennen lassen, daß:

– vor -LLA und -LLU die alten Vokale am wenigsten verändert wurden;
– die alten Vokallängen vor -LA durch spätere Reduktion zu Kurzvokalen
  wurden bis auf die Ergebnisse von ái, ié, uó;
– die Längen vor -LU weiterhin verschoben wurden und so von den
  paroxytonen Vokalen differenziert blieben.

Im lat. Paradigma wurden besonders die offenen Vokale durch die zunehmende Belastung verändert, wie die älteste Schicht zeigt. Als solche
muß man wohl die mit den geringsten Veränderungen ansehen, die sich
im wesentlichen auf eine Verlagerung der Konsonantenquantität in die
vorausgehenden Vokale beschränken. Einem lat. CABALLA entspricht ital.
caválla, d.h. /kavál: a/, aber mar. čavála und bad. čavāla gegenüber lat.
ALA, ital. ála, mar. ára. Die Oppositionen sind verschieden und zum Teil
auch – wie etwa in Übergangsstadien unabdingbar – mehrfach und komplex angelegt:

lat.	-ALLA	ital.	-álla	mar.	-ála	bad.	-āla	afrz.	(s)ale[36]
	-ALA		-ála		-ára		-āra		aile

Die konservative Teilstruktur der Vokale tritt vor alten Geminaten ein.
Es entsprechen hier in Paroxytona dem

lat.	Ĭ	Ĕ	Ă	AU	Ŏ	Ŭ	+ LLA:
vlat.	ẹ	ẹ	a	(áu)	ọ	ọ	
mar.	ẹ	ẹ	a	(ā)	ọ̄	ọ	} + la
bad.	ä	ẹ	ā	(štāla)	ọ̄	ọ	

Bis auf die Extremvokale I und U bzw. ẹ und ọ kam es auch hier zur
Längung, jedoch nach dem Ausweis des archaischeren Mar. nur bei E und
O. Wie etwa mar. čāsa < CAUSA 'Viehherde' gegen bad. čáusa zeigt, ist
hier mar. ā Ersatzdehnung. Ebenso ist auch die junge, nicht einmal im

---

36 Vgl. heute die frz. Oppositionen (s)al ~ ẹ̄l [und (s)āl], die auch als ạ ~ ẹ
[und ọl ~ ẹl] für salle, aile, sale, elle auftreten.

31

Ubad. überall durchgedrungene Längung des *a* in *čavāla* etc. durch *ë* > *ä*
>[*ă*] bedingt.

Jedoch viel älter nach dem Zeugnis der oital. Verbreitung muß eine Verschiebung im Bereich der Vorderzungenvokale sein, deren vlat. Öffnungs-
grade vertauscht erscheinen, zumindest im Mareo. Im Bad. ist das Verhältnis talaufwärts im Kippen und obad. auch schon umgestellt, scheinbar fast unverändert – nach zweifacher Umstellung. Hier läßt sich heute
auch dialektgeographisch auf engstem Raum beobachten, wie ein der-
artiges Verhältnis von Phonemen umgekehrt werden kann und wie es
ohne Diphthongierung »kippt«, umgedeutet wird. Wir vergleichen die
archaischeren ubad. Randzonen mit dem moderneren Obad., das im
Sprachhorst zwischen Pedratsches und Stern gilt:

Mar. $\varrho \sim \ell \sim a \leftarrow \acute{e}i \sim i\acute{e}i \sim \bar{a} \leftarrow \bar{\ell} \sim i\ell \sim \acute{a}i$
ubad. $\ddot{e} \sim \ell \sim a$
Wengen $\ddot{e} \sim \ell \sim \bar{a}$ bzw. $\ddot{a} \sim \ell \sim \bar{a}$
obad. $a \sim \ell \sim \bar{a}$ = (als 2 ~ 1 ~ 3) $\ell \sim a \sim \bar{a}$ (Umstellung)

Auf ähnliche Weise muß ĭ zu *ę* geworden sein wie später auch *ę* > *ẹ* und
ẹ > *ę*, allerdings zum Teil wohl auch mit Hilfestellung der Konsonanz.

In den Oxytona finden wir das Vokalinventar unverändert, d.h. die
häufigste Genusunterscheidung ist bei -LL- privativ: *čavál* m., -*a* f.,
vidél m., -*a* f. etc. Wie aber *mi̯ǫra* <MEDULLAT neben *mi̯ǫl* oder ubad.
vël neben *vëra* <ILLA andeuten, sind Oppositionen zwischen Vokalen,
Konsonanten oder auch Gefügen beider im allgemeinen viel stärker beteiligt.

Das Paradigma der starken Vokale vor -LA muß schon im Vlat. breiter
entwickelt gewesen sein als vor -MA[37], wie eine Übersicht nahelegt:

lat.	Ī	Ē	AE	Ā	AU	Ō	Ū	+ LA
vlat.	i	ϱ	ℓ	a	ϱ	ϱ	u	+ la[38]
grödn.	i	$\ddot{e}i$	$\bar{\imath}$	$\bar{\ell}$[39]	$\bar{\varrho}$	$\ddot{e}u$	u	+ $l\partial$ (*la*)
bad.	i	$\ddot{a}$	$\bar{\imath}$	$\bar{a}$	$\bar{\varrho}$	ϱ	$\ddot{u}$	+ ra (*la*)
furlan[40]	$\bar{\imath}$	$\acute{e}i$	$\acute{\imath}a$	$\bar{a}$	$\acute{u}a$	$\acute{o}u$	$\bar{u}$	+ le

Die Vokale zwischen Ē und ō müssen kräftig gelängt worden sein, so daß
es fast durchgehend zu Brechungen kam. Wie das ebene Friaul zeigt auch
das Gadertal großenteils abgebaute Diphthonge, die Gröden besser hielt.
Dafür müssen wir aber das auch im Furlan fehlende *ü* und *ö* mit verant-
wortlich machen, die den gedrängteren Velarzweig der bad. Struktur ent-

---

[37] Vor Nasal gelten schon im Lat. Beschränkungen für Vokale, wie ein
rückläufiges Vokabular (O. Gradenwitz, *Laterculi vocum latinarum*, Leipzig 1904) oder auch QUOM > CUM zeigen.
[38] Vgl. als Belege (ital.) ›pila, tela, cèlo, segala, paròla, sola, mulo‹.
[39] Nach A. Lardschneider-Ciampac, *Wb. der Grödner Mda.*, *pęla* < PALAT.
[40] G. Francescato, *Dialettologia friulana* S. 141.

lasten – und auch asymmetrisch öffneten. Überdies weichen die Paroxytona durch $l > r$ aus, aber bezeichnend ohne -*ü̆la* und mit mar. ubad. ILLA. In Oxytona steigt die Belastung der Tonvokale noch einmal an, wie neue, offenbar spätere Differenzierungen zeigen:

bad. paroxyton	i	$ä$	$ī$	$ā$	$\bar{ǫ}$	$ǫ$	$ü$	$+ ra$
bad. oxyton	i	$ę́i$	$ī+l$	$ę$	$\bar{o}+l$	u	$ü$	$+ \#$
mar. oxyton	i	$ę́i$	(io)	$ę$	$ę́o$	u	$ü$	$+ \#$

Dieselben Vokale, die schon paroxyton im Diasystem als Vokalgruppen – Diphthonge oder sekundär daraus entstandene Längen – auftraten, sind oxyton neuerdings verschoben und erscheinen als zäh gehaltene Diphthonge ($ę́i$), durch Umlaut erreichte neue Phoneme der mittelgaumigen Serie ($ä$ in $éi$, das $ö$, Colf. auch das $ů$) oder als Gefüge ($u\#$, $īl$) bzw. abgesicherte Länge. Im Mareo aber traf offensichtlich die Tendenz zur Oxytonie bei -U > -$ǫ$ auf andere Voraussetzungen, denn es entstand über Kollisionen ein 5-gliedriges symmetrisches Paradigma, das auf ein Fehlen von $ö$ hinweist:

$$i - éi - ę - é(u) - u - ü.$$

Die Teilstruktur der Tonvokale vor l legt in ihren verschiedenen Paradigmen sehr deutlich eine Schicht von Paroxytona wie auch eine von Oxytona bloß, und diese beiden sind natürlich in die viel älteren Systeme starker und schwacher Silbengipfel, gedeckter und freier Vokale eingebettet. Wie man in einer Sprachlandschaft insbesondere seit M. Bartoli archaischere Randgebiete von kräftig neuernden und ausstrahlenden Sprachhorsten unterscheidet, so kann und wird man auch zweckmäßig in Teilstrukturen oder Paradigmen konservative Randzonen von neuernden, die Belastung nützenden und dadurch sich entfaltenden »Strukturhorsten« unterscheiden müssen.

Die Fügungsprobe ergibt vor R und RR folgendes Vokalinventar für Badiot:

-RA: *čę̄ra* < CARA, *sära* < SERA, *tíra* < TIRAT
        (*vāra* < ahd. WAIRA, FN *Glīra* < GLAREA)
        ǫ́ra < HORA, *kūra* < CURA (*čōra*, CAPRA, *dę́ura*
        zu DE-AP(E)RIRE vgl. mar. *čōra*, *daūr*)

-RRA: *tę̄ra* < TERRA, (*fę́ura*, mar. *fōra* < FABRA)
        tǫr < TURRE

-RU: *tlę̄r* < CLARU, (*kīr* < QUAERO), *väi* < VERU
        flu < FLORE, *mūr* < MURU,
        (*táur(ə)* < TAURU), *ǭr* < AURU

-RRU: *čār* < CARRU, *fę̄r* < FERRU (*palfíər* < PALU FERRU)

Vor allem für Paroxytona sind Beispiele mit alter Geminate kaum zu finden, was mit lat. R < S zusammenhängen dürfte. Der Vokal vor -RN- muß nicht unbedingt zum gleichen Ergebnis kommen wie vor -RR-:

33

imvẹr (fass. *invẹrn*) <HIBERNU wie bad. *fẹr*, aber mar. *fẹr*; bad. *čẹr*, mar. *čẹrn* <CARNE, aber bad. *čar*, mar. *čar* <CARRU.

Im Mareo gelten ähnliche Resultate wie im Badiot, aber es fehlt *ä* und die Dehnung vor *-r*, *-r-* <RR:

-RA: *čẹra, sẹra, tíra*	*ọra, dóra* <DURA
-RRA: *vẹra* <WERRA	
-RU: *čẹr, kῑr* <QUAERO, *vẹi*	*(ọr), flu, mῠr*
-RRU: *čar, fẹr*	

Somit finden wir als Zeugen früherer Verlagerung
nach lat. Paradigma: nach zlad. Paradigma:

-RA:	bad. *ῑ ä ῑ ẹ ọ̄ ọ ῠ ῑ ẹ ä ọ ọ̄ ῠ*	mar. *ῑ i ẹ ẹ̄ ọ ö ọ̄*
-RRA:	*ẹ̄ ọ̄ ọ ẹ̄ ọ*	*ẹ̄*
-RU:	*äi* ῑ ẹ̄ ọ̄ u* ῠ ῑ ẹ̄ äi* u* ọ̄ ῠ*	*ie ῑ éi* ẹ̄ ọ̄ u* ῠ*
-RRU:	*ẹ̄ ā ẹ̄ ā*	*ẹ a*

(* Formen ohne *-r*, d.h. mit Vokal im Auslaut)

Alle Vokale vor R wurden hier gedehnt von *ῑ* bis *ῠ*, denn *ọra* neben *čọ̄ra* muß ebenso wie mar. *sẹra* neben *čẹra* gekürzt sein, wie auch grödn. *ëura* 'Stunde' und *sëira* 'Abend' beweisen. Die verschiedenen Voraussetzungen des Tonvokals vor R und RR scheinen nur mehr in den Verschiebungen der Phonemdiachronie auf (*ẹ̄* <Ā, *ĕ*), denn das maximale Vokalinventar vor *-ra* und erst recht vor *-r* ist sehr breit, wenn man die volle Differenzierung ins Auge faßt. Nach der Beanspruchung von Quantität, Gruppen und Gefügen muß die Belastung hier größer sein als vor *-l-*, woran Relikte aus vergangenen Paradigmen erinnern: grödn. *fẹvẹr*, bad. *fëur*, mar. *fọ̆r* (und *-a* f.) <FABER; bad. *čọ̄ra*, mar. *čọ̄ra*, grödn. *čëura* < CAPRA; *laúr* <LABORE neben *-adú* <-ATORE, grödn. *lëur*; ähnlich auch bad. *kọ̆r*, Colf. *kùr*, grödn. *kuər*, fass. *kẹr*; bad. *pῠre*, grödn. *púərə*, fass. *pẹre* etc. Man vergleiche damit die folgende Skizze:

Paradigmen für Vokal vor R(R):

	ῑ i éi ẹ̄ ẹ íe ẹ̄ ẹ ái ā a ọ ọ̄ áu ọ ọ̄ ö ọ̄ u ῠ ü ῠ	
Bad.	x x x x x x	+R(R)A
Bad.	o ? o o o ? o ? o o	+R(R)U
Bad.	/ / / / / / / / / / / /	+R(R)
Mar.	x x x x x x x	+R(R)A
Mar.	o o o ? o o ? o o	+R(R)U
Mar.	/ / / / / / / / / / / / /	+R(R)

Zwei Paradigmen, die sich zum Teil überlagern, sind zu scheiden, und zwar vorwiegend durch die Folgelautung der Paroxytona (*-r*∼*-ra*), aber auch durch Gruppe (*ëi*, *u*≠) oder Umlaut (*ọ*, *u*). Diese drei Differenzierungsweisen der Vokale haben ein und denselben gemeinsamen Nenner, nämlich Zunahme der Sprechenergie im Tonvokal. So ist doch wohl zu erklären, daß auf eine unveränderte Schicht von energiekonstanten Vokalen im Laufe der Entfaltung immer breitere Schichten gelagert werden, deren Phoneme offensichtlich leistungsstärker werden müssen, aber auch komplexer. Vorzüglich Spannungsverhältnisse zwischen bedrohlich nahen Paradigmen bedingen ganz offensichtlich die zunehmende, zyklisch verlaufende Differenzierung, die damit dauernd auf die ökonomisch und strukturell nächstliegenden Merkmale ausgreift.

Zwischen Badiot und Mareo liegt eine Phonemverschiebung, deren Resultate gerade in sich entsprechenden Vokalinventaren vor -R und deren verschiedener Strukturierung bezeichnend für divergierende Zuordnungsmöglichkeiten sind. In Paroxytona präsentieren sich altes R und RR in folgenden Paradigmata:

$$
\begin{array}{llll}
\text{Mar. vor -RA} & & \text{vor -RRA:} & \\
\bar{\varrho} & & a\,(?) & \\
\varrho \quad \varrho & & \varrho \quad \varrho\,(?) & \left.\right\} +ra \\
i \quad \ddot{o} & & & \\
(\bar{\imath} \quad \bar{o}) & & & \\
\end{array}
$$

$$
\begin{array}{lllllll}
\text{Bad. vor -RA:} & & & & \text{vor -RRA:} & & \\
\text{ubad.} \quad \bar{\varrho} & & \text{obad.} \quad \bar{\varrho} & & a\,(?\,\bar{a}) & & \\
(i\partial \quad \acute{o}u) & & (\bar{\imath}) \quad \bar{\varrho} & & \bar{\varrho} \quad \varrho & & \left.\right\} +ra \\
\ddot{a} \quad \varrho & & a \quad \varrho & & & & \\
\bar{\imath} \quad \bar{u} & & \bar{\imath} \quad \bar{u} & & & & \\
\end{array}
$$

Vor -RA stehen 3 Langvokale (mar.), talaufwärts an der Gader dann 3+2 Diphthonge (ubad.), dann 5; vor altem -RRA beginnt der obad. Sprachhorst auch schon mit einem Langvokal, dem $\bar{\varrho}$. Die Kollisionen, zu denen es in beiden Systemen kommt, liegen etwas anders im Mareo (-ERA = -ERRA) als im Badiot (-ARA = ERRA, -ERA = -ARRA oder auch -AIRA = -ARRA).

Die mar. Kollision Ē = Ĕ, in Norditalien sehr verbreitet, ist älter als Ā = Ĕ, aber beide betreffen Vorderzungenvokale. Im Velarbereich bleiben die Stufen getrennt, da zwei Mittelgaumenvokale (ö, ü) eintreten können. Allerdings wurde im Obad. das Paradigma auch teilweise »gekippt«, wobei die Velarseite offenbar der Palatalserie folgt:

$$
\text{bad.}\quad
\begin{pmatrix}
(\bar{\imath}) \leftarrow \bar{\varrho} & \bar{o} \\
\ddot{a} & \varrho \\
\bar{\imath} & \bar{u}
\end{pmatrix}
\begin{matrix}
\bar{\varrho} & \bar{o} \\
\rightarrow a & \varrho \\
\bar{\imath} & \bar{u}
\end{matrix}
\begin{matrix}
a & \varrho \\
\rightarrow \bar{\varrho} & \bar{o} \\
\bar{\imath} & \bar{u}
\end{matrix}
$$

Das Badiot strebt besonders im neuernden Oberland einmal auf Quantitäten, zum andern auf ein in palataler und velarer Serie paralleles Vokalsystem hin.

Die Scheidung von Oxytona und Paroxytona – ein eindeutig jüngeres

Strukturelement, weil es das ältere Paradigma aus der Geminatenauflösung ($\bar{a}r \sim arr$) schon überlagert – führt zu weitgehender Differenzierung. Quantität und Gruppenbildung der Vokale reichte nicht mehr überall aus, um die wichtigen Trennungen zu erhalten. So werden neue Möglichkeiten eröffnet:

Mar. vor -RA: vor -RU:

$\bar{\rẹ}$		$\bar{\rẹ}$	
$ẹ$	$ọ$	$(i\partial$	$\bar{ọ})$
i	$ö$	$éi$	$u\#$
$(\bar{\imath}$	$\bar{ö})$	$\bar{\imath}$	$\bar{u}$

Bad. vor -RA: vor -RU:

$\bar{\rẹ}$				$\bar{\rẹ}$			
$\bar{\imath}$	$\bar{ọ}$	a	$ọ$	$(i\partial)$	$\bar{ọ}$	$\bar{\rẹ}$	$\bar{ọ}$
$ä$	$ọ$ als $\bar{\rẹ}$	$\bar{ọ}$	$ëi$	$u\#$ als $ä(y)$	$u\#$	$(<óu)$
$\bar{\imath}$	$\bar{u}$	$\bar{\imath}$	$\bar{u}$	$\bar{\imath}$	$ü$	$\bar{\imath}$	$\bar{ü}$

Vor y, das häufiger auf intervokalisches c als $\rị$ zurückgeht oder auch auf $\rịy$, dy, finden wir dementsprechend als Vokalinventar in Paroxytona:

vor -CA: $br\ddot{a}ya <$ BRACA, $si\ddot{a}ya <$ SECAT, $kadr\ddot{a}ya <$ QUADRIGA,
　　　　　$urtíya <$ URTICA, (vgl. $ría <$ REA, $-ía <$ -IVA)
　　　　　$\check{z}\acute{ö}ya <$ JOCAT, $ma\check{c}\acute{\ddot{u}}ya <$ MATTEA + UCA, ($\bar{a}l\check{c}a <$ AU(I)CA)
vor -LEA: $p\bar{a}ya <$ PALEA, $\check{c}\ddot{a}y(\partial)s <$ CILIAS, $\rịíya <$ FILIA
　　　　　$\rịöya <$ FOLIA, ($morv\acute{ö}ya <$ MIRABILIA)
vor -LLEA: $pi\ddot{a}ya <$ PILLEAT
　　　　　$\check{z}m\acute{ö}ya <$ EXMOLLIAT

In Oxytona gelten im Badiot

vor -CU: $l\bar{\rẹ}k <$ LACU 　　　 FN $Vi <$ VICU
　　　　　$l\ddot{u}k <$ LOCU, $sa\acute{\ddot{u}} <$ *SABUCU
vor -DIU: $r\ddot{a}y <$ RADIU, $mẹz <$ MEDIU, $\rịistíde <$ FASTIDIU
　　　　　$mọz <$ MODIU, $p\ddot{u}dẹ <$ PUDICU
vor -LEU: $t\ddot{a}y <$ TALEU, $mi <$ MELIU, $\rịam\ddot{a}y <$ FAMILIU, $\rịi <$ FILIU
　　　　　$traf\acute{ö}y <$ TRIFOLIU
vor -LLEU: $may <$ MALLEU 　　 $p\ddot{e}y <$ PILLIO
　　　　　$bẹd\bar{ọ}y <$ BETULLEU

Das ergibt im Vergleich vor:

-CA	-LEA	-LLEA	-CU	-DIU	-LEU	-LLEU
i	i		i^*	$-idẹ$	$-i$	
$ä/iä$	$ä$	$iä$		$-ẹz$	$-äy$	$-äy$
				$-i$		
$\bar{a}$	$\bar{a}$		$\bar{\rẹ}$	$-\bar{a}y$	$-\bar{a}y$	$-ay$
$ö$	$ö$	$ö$	$\bar{ü}$	$-ọz$	$-öy$	$-\bar{ọ}y$
$ü$			$ü^*$	$-\acute{ü}dẹ$		

(* ohne Konsonant bzw. auf $\#$)

Die Vokale, von denen wir in strukturellen Querschnitten Paradigmen nach Klassen und Serien der Gefüge herausstellten, wurden im untersuchten Lautstand mehr und mehr zur tragfähigen und die funktionale Hauptlast tragenden Phonemklasse. Dafür spricht die mit der Degeminierung und nochmals – wenigstens ebenso kräftig – mit der Oxytonierung verbundene Ausweitung des Vokalinventars. Die Funktion von syntagmatischen Segmenten in der Phonemfolge wurde weitgehend von Gruppen und bes. Gefügen aus differenzierteren Segmenten viel breiterer Vokalparadigmen übernommen.

Die zunehmende Belastung der Vokale wird deutlich im Verband mit Konsonanten der t- und, noch stärker, der k-Serie, die immer ein breiteres Vokalinventar beanspruchen als entsprechende Konsonanten der p-Serie ($-ap$-/-$āt$-/-$āč$ oder $-ám$-/-$ān$-/-$á(i)n$-). Das zeigen die Querschnitte mit aller Deutlichkeit und ebenso die Palatalisierungen der Konsonanten, die zum Teil konkomitant auftreten.

Ebenso steigt auch die Belastung und damit die Differenzierung der Vokalparadigmen vor Konsonanten von K_1 zu K_2 und zu K_3, weshalb wir auch gerade die Fügungen mit den zuletzt genannten herausgriffen ($-áp$-/-$áv$-/-$ái(y)$- oder $-āt$/-$ę\#$/-$ā\#$ = mar. $-at$/-$ę\#$/-$ęo$ etc.).

Die dritte derartige Dreierstaffelung ergibt sich durch steigendes Unterscheidungsbedürfnis und entsprechende Voraussetzungen aus den Wortkürzungen: Neben den restlichen Proparoxytona und den Paroxytona, die nicht auf -A enden, stehen die paroxytonen geläufigen Feminina und daneben die jüngeren Oxytona. Die erstgenannten brauchen den Stützvokal, der aber – zumindest in Proparoxytona wie *fǫmena* < FEMINA oder *pértiga* < PERTICA – nicht die Nachtonkonsonanz, sondern die alte Quantität des Tonvokals erhält. In Paroxytona entfalten sich die Langvokale und Vokalgruppen, die Diphthonge. In den Oxytona behaupten sich umgelautete Langvokale und zunehmend neue Gruppenbildungen mit $\#$, also »verdeckte«, auslautende Langvokale. Die Wortkürzung wird daher vorwiegend über Umlaut i.w.S. erreicht, den man als Quantitätsumlaut (Vokaldehnung), als Gruppenumlaut (Diphthongierung) und als Qualitätsumlaut bezeichnen kann.

KONSONANTEN IM PARADIGMA

Wenn in der linearen Lautfolge eines Signifikanten mehrere Phoneme verkettet werden, die zueinander in keinem echten Kontrastverhältnis stehen, so wollen wir diese vorerst ganz allgemein als Phonemfolge bezeichnen. Um gleichwertige Gebilde im Blickfeld zu haben, gehen wir von nichtklitischen (d. h. freien, ohne weiteren Kontext immer hochtonigen) und einsilbigen Signifikanten aus. Das vor- und rückläufige Vokabular[41] des Badiotischen ergibt für diese Einsilbler folgende Phoneme und Phonemfolgen:

	$K_1 + K_3$							$K_2 + K_3$					
p-	*t-*	*k-*	*f-*	*č-*	*č̌-*	*s-*		*b-*	*d-*	*g-*	*v-*	*ž-*	*g-*	*z-*
pr-	*tr-*	*kr-*	*fr-*					*br-*	*dr-*	*gr-*
pl-	*tl-*	(←)	*fl-*					*bl-*	*dl-*	(←)		(*žl-*)
-rp	*-rt*	*-rk*	*-rf*	*-rč*	*-rč̌*	*-rʒ*
-lp	*-lt*	*-lk*	*-lf*	*-lč*	*-lč̌*	*-lʒ*
-mp	*-nt*	*-ŋk*	*-mf*	*-nč*	*-nč̌*	*-nʒ*
-p	*-t*	*-k*	*-f*	*-š*	*-č*	*-s*		(*-p*,	*-t*,	*-k*	...?)

	K_3				
m-	*n-*	*ñ-*	*l-*	*r-*	*y-*

–

–

(*-rn*)	(*-rñ*)

(*-lm*)

–

| *-m* | *-n* | *-ŋ* | *-l* | *-r* |

Wie schon unsere Anordnung der Phoneme nahelegt, wurde diese nicht sosehr nach artikulatorischen oder phonetischen Prinzipien aufgebaut, sondern nach affinem Verhalten in der Leistung der einzelnen, zuvor schon durch Kommutation ermittelten Phoneme. Dabei scheinen die Unterschiede im Auslaut deutlicher und nachhaltiger hervorzutreten als im Anlaut: Gruppen kompensieren die Einbuße (durch neutralisierte Auslautphoneme) zumindest numerisch.

Drei Unterklassen von konsonantischen Phonemen heben sich klar voneinander ab, wenn wir die Kriterien[42] nach deren gegenseitiger »Verträglichkeit« aufstellen, der Kombinierbarkeit innerhalb einer Silbe. Im Schema würde das am Beispiel der *p*-Serie, der alten »Labiale«, etwa so aussehen, wenn wir K_1 für /*p, t*.../, K_2 für /*b, d*.../ und K_3 für /*m, n*.../ einsetzen und *Π* bei absolutem Auslaut für Pausa, die bekanntlich die Funktion extremer Konsonanz hat:

---

[41] Die fallenden Konsonantenfolgen sind leicht in A. Pizzininis *Parores ladines* zu verifizieren; die steigenden – nach A. Martinet »implosiven« – Auslautgruppen entnehme ich meinem eigenen rückläufig geordneten Zettelkasten (Einsilbler) aus dem obigen Wörterbuch. Bei einiger Vertrautheit mit einem romanischen Sprachstand findet man die Auslautgruppen auch über lat. oder ital. rückläufige Wörterbücher, etwa: M. L. Alinei, *Dizionario inverso italiano*, The Hague 1962.

[42] Ich folge hier H. Weinrich und W. v. Wartburg: Der Abbau bestimmter Konsonantengruppen muß mit der Degeminierung zusammenhängen, vgl. *Phonologische Studien* S. 227ff.; es gibt nach der Leistung zwei verschiedene Arten von Gruppenbildungen.

/ p – b – m /	K_1	K_2	K_3		Auslaut
-p – -m	ja	(ja)	ja	+	Π
(pəs) – -mp	(ja)	–	ja	+	$K_1(\Pi)$
– – –	–	–	–	+	$K_2(\Pi)$
– – (-lm)	–	–	(ja)	+	$K_3(\Pi)$

Die Kombinierbarkeit nimmt ab in der Reihenfolge $K_3 - K_1 - K_2$, d. h. die drei Konsonantenklassen sind Stellungsklassen mit verschiedenen Beschränkungen im Hinblick auf den absoluten Auslaut und Gruppenbildung. Die Phoneme der Klassen /p. . ./ und /m. . ./ vermögen einmal für sich allein einen Silbengipfel gegen die Fuge hin abzudecken, etwa bei *čëp* < CIPPU oder *füm* < FUMU; zum zweiten sind beide an der Bildung von Phonemgruppen gleicher Funktion beteiligt, etwa bei *čaNp* < CAMPU, *ǫlp* < VULPE, *kǫrp* < CORPU. In der Gruppe hält /p. . ./ die fugennahe, /m. . ./ die gipfelnahe Stellung, beide Klassen entsprechen sich ungefähr in ihrem reziproken Verhältnis zu Pausa und Vokal. Da sich aber nicht alle Phoneme im Rahmen einer dieser Klassen ganz gleich verhalten, muß mit einer noch weitergehenden Strukturierung gerechnet werden, deren Ermittlung wir aber einen Blick in die Anlautverhältnisse vorangehen lassen.

Im absoluten Anlaut erscheint die Kombinierbarkeit konsonantischer Phoneme als $K_3 \sim (K_1/K_2)$ oder $(K_3/K_1) \sim K_2$ nach dem Schema:

Beispiel / p – b – m /	Anlaut	K_1	K_2	K_3
p- b- m-	Π	+ ja	ja	ja
(*šp-*) – pl-	$(\Pi) K_1$	+ (?)	–	ja
– (*žb-*) bl-	$(\Pi) K_2$	+ (? ?)	(?)	ja
– – –	$(\Pi) K_3$	+ –	–	–

Auf die spiegelbildliche Anlaut-Entsprechung der häufigsten Auslautgruppen wurde verschiedentlich hingewiesen. Aber ebenso wichtig scheint uns die historisch bedingte Ambivalenz der Klasse /b. . ./, die wir mit K_2 bezeichneten. In den weitaus überwiegenden Fällen einer Gruppenbildung mit /l, r/ steht sie K_1 mit /pl-, pr-/ etc. sehr nahe; in einigen nicht auszuklammernden Fällen aber – in der Gruppenbildung mit Sibilanten – steht sie allein den beiden andern Klassen K_3 und K_1 gegenüber (-*rž*, -*lž*).

Wenn hier nicht, wie weitgehend üblich, ein Inventar der relevanten Merkmale gegeben wurde, so hat dies seinen Grund keineswegs in den bisher herausgestellten Dreiergruppen, die sich ja unschwer binär umdeuten lassen als $K_3 \sim (K_1+K_2)$ etc. Vielmehr steht dahinter die Auffassung, daß ebendiese Merkmale auch die Kombinatorik der einzelnen Phoneme bestimmen[43]. Nun ist diese »Verträglichkeit« der Phoneme untereinander

---

[43] Diskussion des Problems von Ž. Muljačić, *La combinabilité des phonèmes sur l'axe syntagmatique dépend-elle de leurs traits distinctifs?* In: *Phonologie der Gegenwart* 273–286.

wesentlich leichter und eindeutiger zu bestimmen als simultane Komponenten eines mitunter so variablen Endgliedes der linearen Segmentfolge, des Phonems, an dessen Begriff ich festhalte. Gerade aus neuerer Sicht weist man gerne auf Allophone und deren gemeinsame Grundform, die ohne Einbeziehung (manchmal) redundanter oder konkomitanter Merkmale nicht zu konstruieren ist. So scheint es mir günstiger, mit implizierten Merkmalbündelungen – nämlich den möglichen paradigmatischen und besonders syntagmatischen Relationen – zu arbeiten als mit vorwiegend am Englischen entwickelten Formanten, deren Geltungsbereich ich unter den derzeitigen Voraussetzungen nicht zu überprüfen in der Lage bin. Nach den bisherigen Ergebnissen müssen wir zu den im S y n t a g m a – nämlich in der Phonemkette – stets unmittelbar an Silbengipfeln hängenden Konsonanten, die wir kurz als gipfelständig bezeichnen wollen, folgende Phoneme zählen:

$$/m, n, (\text{-}\eta), l, r, (y\text{-})/$$

Sie alle zeigen gegenüber den Vokalen ein Kontrastminimum, das nicht gerade selten unterschritten wurde und wird. Daher können sie in entsprechender Stellung »silbisch« werden, d. h. der zugehörige Silbengipfelvokal ist dann nur mehr potentiell vorhanden, z. B. badiotisch:

[mpẹ]	zweisilbig, hochtonig	[impḕ] für	/əNpḕ/	'anstatt'
[ndọ̄]	-,,-	[indọ̄]	/əNdọ̄/	'wieder'
[ŋkö]	-,,-	[iŋkŏ]	/əNkö/	'heute'
[lbǫ]	-,,-	[əl bọ̄]	/lə bọ̄/	'der Ochse'
[rdí]	-,,-	[ardí]	/ərdí/	'verwegen'
[i̯] ?				
[bǫpm]	-,,-	[bǫpən]	/bǫpnə/	'Wappen'
[teštn]	-,,-	[teštən]	/teStnə/	'Kuchenform'
[ŋ]				
[rüštl]	-,,-	[rüštəl]	/rüStlə/	'Röteln'
[kātr]	-,,-'	[kāter]	/kātrə/	'vier'
[mái̯]	-,,-	[māi]	/māi/	'Hammer'

Zwischen Vokalen sind sie beständiger, soweit sie nach dem Tonvokal von ähnlichen Flexionsformen, vor dem Tonvokal als Suffixableitungen vom Grundwort gestützt sind, junge Bildungen oder Entlehnungen darstellen oder – allermeist – auf alte Gruppen zurückgehen:

tláma	< CLAMAT	famëi	< FAMILIU
bǫ́na	< BONA	anél	< ANELLU
–			
këla	< ECCU ILLA	maláŋ	< MALANU
āra	< AREA	torǫ́n	< ROTUNDU
pāi̯a	< PALEA	pai̯áŋ	< PAGANU

40

Nach ihrer Resistenz gegenüber dem Verstummen ergibt sich eine deutliche Staffelung der Stellung, und zwar innerhalb einer Silbe:

1. in der Gruppe, wo Konsonant durch Konsonant[44] gedeckt wird; dazu gehört:
   a) absoluter Anlaut (*mę* < MALU, *nü* < NOVU, *lu* < LUPU, *rü* < RIVU etc.)
   b) Anlautgruppe (*štraŋ* < STRAMEN, *plí* < PLEBE, *drā* < DRAGIU)
   c) im Inlaut reduzierte Geminate (*flāma* < FLAMMA, *štlāra* zu SNALLE, *sęla* < SELLA, *p(i)ęya* < PILIAT; mar. *sǫm*, bad. *sǫn* < SOMNU, *ğāl* < GALLU, *čār* < CARRU);
2. in der historischen Folge → Gruppe, wo Konsonant durch Konsonant gedeckt wurde; dazu gehört:
   a) entsprechende inverse Gruppe im Auslaut (*ālt* < ALTU, *ёrt* < ER(I)C-TU, *vёrt* < VIR(I)DE etc.)
   b) satzphonetisch angegriffene Gruppe im Auslaut (mar. *męŋs*, bad. *mёis* < MENSE, *daŋ*/*dant* < DE ABANTE, *vāl*/*valk* < ECCU ALIQUID, *dёr(t)* < D(I)RECTU)
   c) im Inlaut reduzierte Gruppe (*sёdla* < SITULA, *vędl(e)*, mar. *vęrę* < VETERE; *čǫra* < CAPRA; *fęura* / mar. *fǫra* < FABRA, *lęrę* < LATRO);
3. als ungedeckter intervokalischer Konsonant; dazu gehören:
   a) Wörter mit erhaltenem Konsonanten (*rāma* zu RAMU, *plёna* < PLENA, *sonę* < SONARE; *čęra* < CARA)
   b) Wörter mit verändertem Konsonanten (*faŋ* < FAME, *čaŋ* < CANE; *āra* < ALA)
   c) Wörter mit verstummtem Konsonanten (bad. *čáusa*, mar. *čāsa* < CAVSA, aber hyperkorrekt *albü* < HABUTU; *ātər* < ALTER; *mę* < MALU, *dę* < DARE)

Daraus ergibt sich, daß die Konsonanten dieser Klasse K_3 nicht angegriffen werden, wenn sie durch vorangehende Konsonanten[45] gedeckt werden, also in Gruppen die zweite Stelle einnehmen und somit in starker Stellung auftreten, wie man es – in Analogie zum Verhalten der Vokale – nennen kann. Als Gruppen gleicher Leistung sind daher im weiteren Sinne nichtkontrastierende Phonemfolgen innerhalb einer Silbe anzunehmen wie in den Beispielen (mit /r/, für Vokale *a*): /Πra-, Πtra-, (-rra-), -artΠ, -arΠ/.

In schwacher Stellung werden die Konsonanten dieser Klasse K_3 mehr oder weniger angegriffen, und zwar sind satzphonetische Varianten, un-

---

[44] Es weist in dieselbe Richtung, wenn Vokalanlaut öfters beseitigt wird, etwa bei *laúrʒ* < URSU, *lišǫ* < USTIOLU, obad. *lā* < AVA. Bei diesen Wörtern hat der agglutinierte Artikel die Wörter eingefügt in die Zahl derer mit konsonantischem Anlaut (und mit Π-).

[45] Zu erwähnen ist hier *s*, das noch seine Umstellung im Konsonantenparadigma verrät: ESCA- > *əščá-* > *šá-*, vgl. *šálda* 'heizen, 3. Person', ebenso -SCE-, -SCI- (*pašęntę* 'weiden', mar. *bǫš* / obad. *bǫšč* 'Wald, Plur.' etc.).

feste Abgrenzung gegenüber affinen Phonemen (Neutralisierungen) und schließlich Verstummen historischer Phoneme Kennzeichen dafür. Die variierende, auffällige Streubreite der in starker Stellung lautlich stabilen Phoneme finden wir nun, etwas anders gereiht als zuvor bei 3., satzphonetisch nach Vokal, ebenso und deutlicher zwischen Vokalen, auch wenn deren letzter schon verstummte. Beispiele mögen dies verdeutlichen:

IN(H)ERI   > mar. *ęŋníər*, bad. *iñĩr*, also /*iNíər*/;
PLENU   > *plëin* oder *plëŋ*, also /*plëN*/;
RAMU   > bad. *raŋ*, mar. *ram*, also /*raN*/;
ILLE ANIMU > *ram* 'Krampfanfall', *l'am* 'Mut';
ILLA   > bad. *ëla*, mar. *ęra* 'Frau';
historisch dgl. MOVERE > **móuɥer* > *mŏyę*, PLOVEA < *plŏya*;
SALE   > *sę*, TALE > *tę*, VALET > *vẹl* oder *vę*;
STARE   > *štę*, VERU > *vëi*, BIBERE > *bëi(rə)*.

Die schwache Stellung der Phoneme wäre also – mit /r/ und *a* für Vokale skizziert – etwa so erwachsen:

/*-arΠa-* > *-aRa-*/
/*-arə-* > *-aRΠ* > *-ar*/
/*-aR(ə)* > *-āR* > *-A*/.

Da die schwache Stellung nicht nur intervokalisch gegeben ist, sondern auch im Auslaut vor folgendem Vokalanlaut, wenn keine Pausa mehr dazwischentritt, gehen von den dadurch schwankenden, unstabilen Auslautfügungen Neuerungen aus, die bei den festeren Anlautfügungen vorerst nicht auftreten konnten. So kann an Stelle der Pausa auch ein gleichwertiger Konsonant eintreten, und es ergeben sich damit Gruppen mit starker und schwacher Position. Dies bringt zweierlei Folgen mit sich:
– Einerseits können Gruppen die Leistung von Einzelphonemen übernehmen und daher grundsätzlich als Komplex, als neue Funktionseinheit selbst in starker oder schwacher Stellung auftreten.
– Andrerseits können einzelne Phoneme einer nichtkontrastierenden Folge in starker oder schwacher Stellung sein. Die im Gadertalischen zugelassenen Gruppierungen sind also im Hinblick auf die Klasse K_3 zu untersuchen.

Wir haben schon festgestellt, daß sich bezüglich der Kombinierbarkeit der drei ermittelten Konsonantenklassen nähere Parallelen sowohl zwischen K_3 und K_1 wie auch zwischen K_1 und K_2 abzeichnen. Ihre Zuordnung gegenüber der jeweils übrigen Klasse (K_2, dann K_3) ist sehr ähnlich und wurde in sehr deutlichen Entsprechungen ausgebildet. Sehen wir die letztere Gleichung genauer an: K_1 verhält sich zu K_3 wie K_2 zu K_3. Im absoluten Anlaut finden wir Phoneme von K_3 beteiligt in den Gruppen:

42

pa-	*pr-*	*pl-*	*špr-*	*špl-*	*ba-*	*br-*	*bl-*	*žbr-*	*žbl-*
ta-	*tr-*	*tl-*	*štr-*	*štl-*	*da-*	*dr-*	*dl-*	*ždr-*	*ždl-*
ka-	*kr-*		*škr-*		*ga-*	*gr-*		*žgr-*	
fa-	*fr-*	*fl-*	*šfr-*	*šfl-*	*va-*				
ča-		*(štl-)*			*ǧa-*		*(ždl-)*		
ča-					*ǧa-*				
sa-		*(štl-)*			*(za-)*		*(ždl-)*		

Die Phoneme /b, d, g/ bilden als fugenständige Komponenten genau die-selben Gruppen wie /p, t, k/, wodurch die obige Gleichung sich in diesem Bereich als richtig erweist. Ebenso wird dadurch aber auch die weitere Strukturierung der Klasse K_1 nach drei Serien hin faßbar, die wir als *p-*, *t-* und *k-*Serie bezeichnen. Auf die komplexeren Gruppen mit Sibilanten kommen wir in anderem Zusammenhang noch zurück, wollen aber in-zwischen festhalten, daß sie im Bereich der drei genannten Serien die übrigen Zweiergruppen gerade verdoppeln.

Als gipfelständige Komponenten verbinden sich mit Phonemen

der Klasse K_2:				der Klasse K_1:			
r:	*b*	*d*	*g*	*p*	*t*	*k* und *f*	
l:	*b*	*d*	*← (g)*	*p*	*t*	*← (k)* und *f*	
y:	*(d)*	*→*	*ǧ*	*(t)*	*→*	*č*	

Mit K_2 bildet /r/ 3, /l/ 2, /y/ 1,

mit K_1 aber /r/ 4, /l/ 3, /y/ 1,

mit der *p-*Serie aber K_3 entsprechend 4,

mit der *t-*Serie ebenso 4,

mit der *k-*Serie ebenso 4,

mit der *f-*Serie (?) aber 2 Gruppen.

Überprüfen wir nun bei den Auslautfolgen, wie weit sich diese Strukturie-rung der Konsonanten bestätigt.

Im absoluten Auslaut sind die Gruppen vielfältiger, da alle Phoneme von K_3 daran beteiligt sind:

-am	*-mp*			*-mf*			
-an		*-nt*			*-nč*	*-nč*	*-nʒ*
-aŋ			*-ŋk*		*-ŋš*		*-ŋs*
-ar	*-rp*	*-rt*	*-rk*	*-rf*	*-rč*	*-rč*	*-rʒ*
-al	*-lp*	*-lt*	*-lk*	*-lf*	*-lč*	*-lč*	*-lʒ*
(-ái)		*(-č)*	*(-č)*		*(-š)*		*(-č)*

In Bezug auf die Serien ergeben sich:

mit der *p-t-k-*Serie jeweils drei Gruppen,

mit	*f*	drei,
mit	*č*	vier (?)
mit	*č*	drei
mit	*ʒ*	vier (?) Gruppen,

weiterhin ergeben sich für die Klasse K_3:

/m/ 2, /n/ 4, /ŋ/ 2–3 Gruppen (teilw. neutralisierte Nasale), für /r/ 7, /l/ 7, /y/ Ø Gruppen (oder ambivalente Folgen mit i̯).

Eine klare Gliederung in Serien, die in allen drei Klassen ihre enge Entsprechung haben, zeigen die Nasalgruppen -mp, -nt, -ŋk und die Gruppen $K_2 + r$ (br-, dr-, gr-):

	labial	alveolar	velar
stl.	p	t	k
sth.	b	d	g
son.	m	n	ŋ

Die hier horizontal geordneten Klassen können durch den Grad der Stimmbeteiligung charakterisiert werden: Stimmlosigkeit, Stimmhaftigkeit, Sonanz. Die vertikal geordneten Serien werden durch annähernd gleiche Artikulationsstellen und die -organe verbunden: durch bilabiale, apiko-alveolare und dorsal-velare Artikulation.

Bedeutend unklarer erscheint die Gliederung der übrigen Phoneme. Auch diese dürften annähernd analog strukturiert sein, erwecken aber den Eindruck eines »geologischen Fensters«, um in Bartolis Bild zu bleiben. Schon die Gruppenbildung der klarer begrenzten Phoneme zeigt die Auswirkung eines Palatalschubes (Politzer)[46], der den Alveolarbereich intensiver belastete: KL > tl, GL > dl. So sind in der gleichen Richtung Erweiterungen zu erwarten:

$$
\begin{array}{cccc}
f & \check{s} & \check{c} & \\
 & (s) & (\check{s}) & s \\
v & \check{z} & \check{g} & \\
 & (z) & (^{d}z) & z \\
l & r & y & \\
 & & & \mathit{\Pi}
\end{array}
$$

Man vergleiche dazu bad. Palatalfügungen wie:

fi̯ę < FICATU	purč(i)úŋ < PROCESSIONE	č(i̯)é < CAPU
		sié < SECARE
(v)ía < VIA	moržél < MORBICELLU	ǧ(i̯)āl < GALLU
		dlížia < ECCLESIA
li̯ę < LIGARE	ri̯ái̯n < RIPANU	yęšta < VESTE

Sicher ist, daß ǧ > ž und č > š die Artikulationsstelle vorverlagern, wie das auch bei u̯ – l der Fall gewesen sein muß. Einmal dürfte auch das R in der p-Serie gestanden haben, nicht das l.

---

[46] Vgl. R. L. Politzer, *Beitrag zur Phonologie der Nonsberger Mundart* S. 67.

LAUTFOLGEN IN KONTRAST

Im frühen Latein müssen die Konsonanten durch Herausbildung der Geminaten nahezu verdoppelt worden sein, und zwar wohl als Kompensierung tiefgreifender Veränderungen in der Vokalstruktur. Den heutigen Phonemen der (apiko-alveolaren) t-Serie entsprachen damals etwa:

		Anlaut	Inlaut bad.	Auslaut (Inlt.)
K_1:	t	tās $<$ TAXU	$ǧ$āta $<$ GATTA	fāt $<$ FACTU
	$š$	$č$īl $<$ CAELU	dā$š$a $<$ DAXIA	bā$š$ $<$ BASSI
	s	sīs $<$ SEX	bāsa $<$ BASSA	bās $<$ BASSU
K_2:	d	dę $<$ DARE	-āda $<$ -ATA	dę $<$ DATU
	$ž$	$ž$i $<$ GIRE	(ā$ž$ia $<$ ACIDA)	(nę̄$š$ $<$ NASI)
	z	zëŋ $<$ DE SIGNU	$č$āza $<$ CASA	nę̄s $<$ NASU
K_3:	n	nu $<$ NEPOTE	lāna $<$ LANA	ma$ŋ$ $<$ MANU
			-dāna $<$ DAMNAT	ān $<$ ANNU
	r	rü $<$ RIVU	āra $<$ ARAT	tlę̄r $<$ CLARU
			(āra $<$ AREA)	$č$ār $<$ CARRU

Am wenigsten haben sich die Konsonanten im Anlaut verändert: Drei präpalatale Affrikaten sind neu ($č$, $ǧ$, $z̧$), davon zwei aber schon im Vulgärlatein vorhanden; die stimmhaften Affrikaten müssen im Gadertal vor nicht langer Zeit den Verschluß eingebüßt haben, da in Randgebieten noch Reste verblieben sind ($ǧ > ž$, $z̧ > z$).
Im Inlaut, wo auch die stimmlose Affrikata den Verschluß verlor, wurde die einstige Quantität der Konsonanten (Geminaten) durch deren Qualität ersetzt. Wenn aber die alten Oppositionen nicht heillos durcheinander geraten sollten, mußten im Zeitraum des Überganges kontrastierende, nämlich zugeordnet verteilte Phoneme Hilfestellung leisten: Die Vokalphoneme. Sie bieten auch heute noch Stütze, wo sich damit Überschneidungen vermeiden lassen oder wo der Schub der Degeminierung (bzw. der Oxytonierung) noch nicht restlos durchgedrungen ist. Im Badiot hat $ái > a$ anscheinend auch $ëi$ mitgerissen (bad. $māsa \sim mása$, aber mar. $mása <$ MASSA gegen $mésa <$ MISSA, dgl. bad. $sāk <$ SACCU / $sak <$ sëk $<$ SICCU, bad. $plāna <$ PLANA / $plána <$ plë(i)na $<$ PLENA etc.); es ergeben sich also besonders in der Klasse K_3 Kollisionen durch älteres

$$ā > ái > a \ (> ā) \text{ und } ëi > ë \ (> a) \text{ bzw. } [äi > ä > ǎ],$$

die von gleichzeitigen Neutralisierungen im Bereich der Liquida *(l > r)* und der Nasale *(ëŋ > ëi̯n)* nicht zu trennen sind.
Im archaischeren Mareo fehlt einerseits die Längung der Tonvokale vor K_1, andrerseits sind die Auslautkonsonanten in schwacher Stellung häufiger ausgefallen als im oberen Tal, etwa bad. -*āta*, -*āda* oder bad. *lük*, *čīl* im Mar. -*áta* / -*āda* aus -ATTA, -ATA oder *lü*, *či* aus LOCU, CAELU u. a.
Im neuen – tertiären – Auslaut vermögen die durch Neutralisierung stark

beengten Konsonanten in schwacher Stellung die Differenzierung nicht zu leisten und haben sie aller Wahrscheinlichkeit nach auch nie getragen. Auslautvokale und zunehmend Tonvokale mußten dafür, in entsprechend breiter Gliederung, aufkommen. In der Klasse K_2 hat der Konsonant im absoluten Auslaut nur mehr die Funktion, die Quantität des vorausgehenden Tonvokals zu sichern ($d\ȩ$, aber $n\ẹ̄s$), während die viel wichtigere alte Opposition $K_1 \sim K_2$ zumindest nach lat. A in die Vokalqualität verlagert wurde. Diesem Vokal zugeordnet, verfügt das Gadertalische heute über mehrere verschieden häufige Möglichkeiten, um die eine Opposition zu wahren:

bad. $tl\bar{a}p <$ CLAPPU – mar. $tlap$ bad. $č\ȩ$ < CAPU – mar. $č\ẹ̄$
$\quad ğ\bar{a}t <$ GATTU $\qquad yat$ $\qquad pr\ȩ <$ PRATU $\qquad pr\ẹ̄$
$\quad s\bar{a}k <$ SACCU $\qquad sak$ $\qquad l\ȩ̄k <$ LACU $\qquad l\ȩ$
$\quad (sak <$ SICCU $\qquad s\ȩk$ $\qquad v\ddot{e}ik <$ VIDEO $\qquad v\acute{ȩ}ig(i))$

$\qquad\qquad$ und damit bad. $\bar{a}p/\ȩ$ mar. $ap/\ẹ̄$
$\qquad\qquad\qquad\qquad\qquad \bar{a}t/\ȩ \qquad\qquad at/\ẹ̄$
$\qquad\qquad\qquad\qquad\qquad \bar{a}k/\ȩ̄k \qquad\quad ak/\ȩ$
$\qquad\qquad\qquad\qquad\qquad (a/\acute{ȩ}i \qquad\qquad ȩ/\acute{ȩ}i)$

Bad. Plur.: $tl\bar{a}p(s)$ $\quad – ğ\bar{a}č – s\bar{a}č – sač$ / $č\ȩ̄s – pra – l\ȩ̄̌č$
Mar. Plur.: $tlap$ $\qquad – yač – sač – seč$ / $č\ẹ̄s – pr\ẹ̄s – l\ẹ̄s$

Das ergibt im Schema – mit leicht verschobenen Schwerpunkten in Bezug auf Häufigkeit im Bad. oder Mar. – für:

Auslaut $\qquad\qquad\qquad\qquad\qquad$ Inlaut

$-\acute{a}\ K_1$ $\qquad\qquad\qquad$ $\begin{cases} -\acute{ȩ},\ -\bar{ȩ},\ -\bar{ȩ}K_1 \\ -\acute{ȩ},\ -\bar{ȩ}K_1,\ -\ddot{e}i;\ -\acute{a}^* \\ -\bar{ȩ}K_3 \\ -\acute{a}K_3 \end{cases}$ $\quad$ $-\acute{a}K_1-$ $\quad$ $\begin{cases} -\bar{a}K_2- \\ -\bar{a}K_2- \\ -\acute{a}K_3- \\ -\bar{a}K_3- \end{cases}$

Die vollständige Struktur:

Auslaut		Inlaut	
$-\acute{a}\ K_1$	$-\acute{ȩ},\ -\bar{ȩ},\ -\bar{ȩ}K_1$	$-\acute{a}K_1-$	$-\bar{a}K_2-$
$-\bar{a}\ K_1^*$	$-\acute{ȩ},\ -\bar{ȩ}K_1,\ -\ddot{e}i;\ -\acute{a}^*$	$-\bar{a}K_1-$	$-\bar{a}K_2-$
$-\bar{a}\ K_3$	$-\bar{ȩ}K_3$	$-\bar{a}K_3-$	$-\acute{a}K_3-$
$-\bar{a}\ K_3\ (K_1)$	$-\acute{a}K_3$	$-\bar{a}K_3-$ =	$-\bar{a}K_3-$
$-\acute{a}\ K_3$ =	$-\acute{a}K_3$	(* = nur bad.)	

Kollisionen, d.h. Homonyme[47] ergeben sich damit einerseits in der Klasse K_3 (reduzierte Vokale!), andrerseits in Auslautserien[48], wo -$\acute{ȩ}$ bzw. -$\bar{ȩ}$ = -$\bar{e}B$, -$\bar{e}D$, -$\bar{e}R$ etc. entsprechen kann. Im allgemeinen sind aber die alten Oppositionen Langkonsonanten $\sim$ Kurzkonsonanten gewahrt worden in verschieden zugeordneten Vokalklassen und – besonders im Auslaut – in der konkomitanten Opposition $K_1 \sim K_2$, $K_1 \sim \emptyset$ und $K_3 \sim \emptyset$. Im Rückblick bestätigen uns einmal diese Zuordnungen von kontrastie-

---

[47] Vgl. C. Battisti, *La vocale A tonica nel ladino centrale*, Trento 1907. W. Th. Elwert hat in seiner *Mda. des Fassatals* eine übersichtliche Tabelle gegeben. Die Lösung zeichnet sich als Redressierung des *ái* ab, wenn man die verschiedenen Paradigmen vor Augen hat, jedoch keineswegs als ausgebliebene oder erst anlaufende Entwicklung.

[48] Vgl. A. G. Haudricourt–A. G. Juilland, *Essai pour une histoire structurale du phonétisme français* S. 52ff.: Im Auslaut beruht eine wichtige Oppositionsmöglichkeit auf #, das nicht etwa gleich Null ist.

renden Phonemen, daß unsere durch die Fügungsprobe der Konsonanten gewonnene Gliederung derselben (K_1, K_2, K_3, weiters p-, t-, k- Serie) richtig war; zum andern machen wir die merkwürdige Beobachtung, daß es Phoneme gibt, die in bestimmter Stellung weder von ihrer isolierten phonetischen Realisierung noch von deren Streubreite her in einer Synchronie faßbar sind, etwa /-B, -D, -G, -Y/ etc. Die sogenannte Auslautverhärtung besagt nämlich keineswegs, daß -g > -k, sondern vielmehr -$\bar{a}gu$ > -$\dot{e}k$ gegenüber -ak, etc., und das bedeutet, daß je nach vorausgehendem Tonvokal [-k] entweder /-$\acute{a}g\vartheta\Pi$, -$\bar{e}k\Pi$, -$\dot{e}\Pi$/ oder aber   /-$\acute{a}k\Pi$, -$\bar{a}k\Pi$/ entsprechen kann.

Die bisher offene Frage, ob die Phoneme der Klassen K_2 und teilweise auch K_3 im Auslaut überhaupt auftreten können, war lediglich vom Inventar der Konsonanten her nicht eindeutig zu beantworten und legte die Vermutung nahe, es könnte sich bei den stellungsbeschränkten Phonemen /b, d, g . . ./ und insbesondere bei /η, y/ auch nur um Phonemvarianten, Allophone zu /p, t, k . . ./ bzw. /n, $\check{g}$/ handeln. Diese Phoneme[49] sind jedoch, von den Vokalen aus gesehen, gar nicht stellungsbeschränkt und entsprechen als stellungsbedingt »homophone« Phoneme genau den Homonymen auf syntagmatischer Ebene, die ja auch – in der lebendigen Rede fast immer – der Kontext scheidet, d.h. die Distribution im übergeordneten Segment.

AMBIVALENTE GRUPPENFAKTOREN

Bisher ließ die Gruppenbildung drei Prinzipien erkennen:

1. Phoneme der gipfelständigen oder vokalnahen Klasse K_3 bilden mehr Gruppen mit stimmlosen Phonemen der Klasse K_1 als mit Phonemen aus K_2 (vgl. /f/). Dies geht auf die Ausweitung des Kontrastprinzips Vokal – Konsonant zurück, auf dem ja die silbische und rhythmische Gliederung der Sprachlautkette aufbaut. Fugen- und gipfelständige Gruppenfaktoren müssen offenbar in einem minimalen, nur »partiellen« Kontrastverhältnis zueinander stehen, das in unserem Lautstand die Sonorität betrifft. Wird die Sonorität zur Schallfülle, so entsteht aus der Gruppe eine Silbe. Gewöhnlich liegt die minimale Schallfülle, die ein Silbengipfel erfordert, in Vokalen; sie kann aber auch in Sonanten entstehen, wenn deren Kontrast zu ihrem fugennahen Gruppenfaktor nicht mehr lediglich partiell, sondern konstitutiv ist.

2. Phoneme der gleichen (oder einer sehr affinen?) Klasse können bei

---

[49] Archiphoneme sind in der Prager und Kopenhagener Schule (Synkretismus) wiederholt diskutiert worden, vgl. K. Togeby, *Structure immanente de la langue française*, Paris 1965, 56f.

Bedarf auch Gruppen bilden, wenn ein Merkmal kräftig genug ist, den partiellen Kontrast zu tragen. Diese Gruppen sind aber wegen Variation und Neutralisierungen anscheinend nicht sehr stabil, werden leicht entweder zu Phonemen reduziert oder zu Silben erweitert.

3. Bei beiden vorgenannten Gruppen zeigt sich, daß Phoneme, die sehr deutlich in eine Serie eingereiht sind, ausschließlich innerhalb dieser Serie Gruppen bilden (z.B. -mp, KL- > tl-).

Einige Gruppenbildungen mit ʒ–s, (ʒ-)z, bei denen auch Phoneme der Klasse K_3 beteiligt sind, haben wir schon erwähnt, da sie als scheinbare Dreiergruppen die Zweiergruppen mit /l, r/ vom Typ pl-, pr-, -lp, -rp etc. erweitern, jedoch nur im Anlaut: špl-, špr-. Vergleichen wir damit die Gruppen mit beteiligten Sibilanten im Rahmen einer Serie (Badiot):

	p	ſ	b	v	m	l
r	pr-	ſr-	br-		(-mɽ)	(l̦≠r-
	-rp	-rſ	?-rp		(ɽm-)	-r≠l̦)
l	pl-	fl-	bl-		(l̦≠m-)	(-l≠l-)
	-lp	-lſ	?-lp		(-lŋ/l≠ŋ)	(-l≠l-)
m	(-p≠m-)	(-ſ≠m-)			(-m≠m-)	(l̦≠m-)
	-mp	-Nſ	?-mp		(-m≠m-)	(-m≠l̦)
z–S	(-p≠z-)	(-ſ≠z-)		(-áus)	(-m≠z-)	(-l≠z-)
	(-s≠p-)	(-s≠ſ-)	(-z≠b-)	(-z≠v-)	(-z≠m-)	(-zl̦ > -sl̦/s≠l̦)
s–ʒ	(-ps > -p≠s-)	(-ſ≠s-)		(-áuʒ)	-mʒ	-lʒ
					(-s≠m-)	(-s≠l-)
s–Š	šp-	šſ-	z–Ž źb-	źv-	źm-	(źl-)
š–Č	(-č)			(-áuš)	-Nč	-lč
	špr-	šſr-	źbr-			štl- (špl- etc.)
	-rč		-rš			-lč
	špl-	šfl-	źbl-			źdl-
	-lč		-lš			-lš

⇐======

Die Fügungsprobe zeigt hier sehr deutlich, wie alle Phoneme mit Randstellung innerhalb einer Klasse und besonders die gipfelständigen Phoneme (K_3) in zunehmendem Maß Grenzfunktionen übernehmen können, je seltener sie mit Silbenwert verwendet werden. Die Staffelung scheint dabei vom Reduktionsvokal über l-r-Nasal-z-s-š zu reichen, und zwar in der Markierung der Silbengrenze (≠) bis zur Wortgrenze und potentiellen Pausa (#). Nasal- und besonders Sibilantenphoneme bilden die Gruppen vorwiegend mit #, d.h. sie sind meist fugenständig, genauer: pausaständig.

Die innere Struktur der – nur und auch – konsonantischen Phoneme kommt in der Ausbildung und wechselseitigen Zuordnung von mehreren Serien und Klassen zum Ausdruck. Diese bestimmen die Gestalt der

48

einzelnen Phoneme[50] und deren mögliche Leistung zumindest ebenso
stark wie die oft beachtlich verschiedene Streubreite der phonetischen
Realisierung eines einzelnen Phonems. Auf Grund der verschiedenen
Fügungsproben ergibt sich für das badiotische Konsonanteninventar nun
diese Gestalt:

$$
\begin{array}{ccc}
p & t & k \\
f & š & č \\
  & s & \\
b & d & g \\
v & ž & ǧ \\
  & z & \\
m & n & ŋ \\
l & r & y \\
  & ll &
\end{array}
$$

FÜGUNG DER MORPHEME

Eine Darstellung der rätoromanischen Formenbildung setzt wohl berechtigt beim Nomen ein, denn das Nomen zeigt hierin die engste Ver-
flechtung von Phonem- und Silbenfügung. Das Abstimmen gegensätz-
licher Tendenzen bei der Verkettung von Sprachlauten wie auch Wörtern
stellt im Alpinromanischen eine zentrale Gestaltfrage dar. Es ist durchaus
kein Zufall, daß historisch orientierte Forscher, denen sog. gesetzmäßige
Veränderungen wichtig waren, die Formenbildung der Nomina zur
Charakteristik der Westromania maßgebend heranzogen; auch heute
noch wird man vom typologischen Standpunkt aus die Nominalflexion
primär berücksichtigen müssen, wenn dem Nomen – vor dem Verbum –
nach Frequenz, Differenzierung und Funktionsbelastung eine entsprechende Stellung in einem Sprachstand zukommt.
Beim Appellativum unterschied man schon im Lat. Genus, Numerus und
Kasus, die gewöhnlich mit gebundenen Morphemen – *Affixen* – ausgedrückt wurden. Im Zlad. kann die Varianz eines Nomens bedeutend vielfältiger festgehalten werden, nämlich durch Affixe, Umlaut, Brechung
oder durch Klitika. Beginnen wir mit dem Genus.
Das Genus ist heute bei den allermeisten Substantiva rein formale Kategorie, die ursprünglich von Personen und persönlich gedachten Dingen
oder Erscheinungen ausging. Schon das Aufgeben des Neutrums setzt eine
mechanisch und sinnleer gewordene Aufteilung in maskuline oder feminine

---

[50] Die Gestalt eines Phonems ist nicht nur phonetisch, sondern ebenso auch
kontextuell in Paradigma und Syntagma ausgeprägt; vgl. Fußnote 43.

Formklassen voraus. Den offenbar überholten Denkkategorien, die durch einen begrifflichen Rückhalt nicht mehr gestützt waren, wurden nach und nach auch die formalen Klassenmerkmale[51] entzogen.

Wenn wir im Vulgärlatein die Merkmale für Agens und Aktum, für Subjekts- und Objektskasus im Zusammenhang mit dem Genusmerkmal betrachten, so wird eine gegenüber dem klass. Latein ungewohnte, neue Zuordnung sichtbar, die auch den Numerus enger einbezieht:

6	4	2			
filius	filia	caelum	í + s	í + a	ẹ̄ + ū
filium	filiam	caelum	í + ū	í + ā	ẹ̄ + ū
5	3	1			
filii	filias	caela	í + Ø	í + es	
filios	filias	caela	í + s	í + es	

Das Neutrum als Aktum kannte keinen Subjektskasus; aber auch im Femininum war schon im Vlat. das Merkmal (Nominativ) auf eine Vokaldifferenzierung beschränkt, die im Nachton durch Reduktion bedroht sein mußte. Im Plural fem. zeigt schon der belegte Ausgleich nach dem Akk. -as, daß die Differenzierung -ae~-as bzw. -ǝ~-αs im vermutlich nur zweistufigen vokalischen Auslautsystem nicht von Bestand war, also offensichtlich die Grundlage verloren hatte. Im Sing. fem. bot -ã > -ā~-a (Qualität → Quantität) des nachtonigen Auslautvokales nicht viel mehr Rückhalt. Im Maskulinum muß nach glottochronologischer Argumentation der Plural die Unterscheidung Rektus – Obliquus als Ø~-s früher aufgegeben haben als der Singular das -s~-u, weil vom Sg. heute noch mehr Reste vorhanden sind. Die Reihenfolge im Abbau der Rektusmorpheme wäre also: 1, 2 . . . 6, wobei die Stellung als Ersatz erst für die Morpheme im Mask. in Frage kommt.

Der Numerus, in älteren idg. Sprachständen dreifach unterschieden als Singular, Dual und Plural, verfügt schon im frühen Latein nur mehr über lexikalisierten Dual. Immerhin blieben von dieser alten Dreiteilung her recht komplexe Pluralmorpheme je nach Flexionstyp, Genus und Kasus. Im Vlat. schälen sich -s und -i mehr und mehr als häufigste Zeichen heraus, und zwar je nach Raum und Zeit mit verschiedenem Schwerpunkt. Obwohl in der ganzen Romania mehrere Morpheme an der Kennzeichnung der Plurale beteiligt sind, gibt es doch nach West-Ost und

---

[51] Man findet noch immer die Auffassung vertreten, daß mit einem durch Lautveränderung fallenden Zeichen auch die damit bezeichnete Kategorie falle. Die Semantik zeigt aber mit aller Deutlichkeit, daß nur konkomitante, kaum mehr belastete Signifikanten (W. v. Wartburgs Trabantenwörter) abzugehen pflegen, aber keineswegs belastete Funktionsträger. Das gilt auch – mehrfach nachweisbar – für Morpheme, und ebenso wurde es für Phoneme aufgezeigt (frz. *brin – brun*). Vgl. dazu I. Schön, *Das Zeichen -A im Lateinischen*, Diss. Innsbruck 1968, inzwischen überarbeitet erschienen als *Neutrum und Kollektivum* (= *Innsbrucker Beitr. zur Sprachwiss.*, 6) Ibk. 1971.

Nord-Süd sehr verschiedene Frequenzbelastungen gleicher Zeichen, und diese sind auch in der archaischeren Romania (Süden) im allgemeinen weniger zahlreich und einfacher.

Die Parallele Plural-Singular hat sich schon im Vlat. durch den Abbau des Obliquus angebahnt; dem Neutrum folgte das Femininum und dann sogar das Maskulinum, wie die verlagerten Kasusmorpheme ihrerseits zeigen. Es war natürlich viel ökonomischer, statt der lat. Vielfalt der Pluralzeichen[52] (Nominativ -*ae*, -*i*, -*es*, -*ūs*, -*a*) nur mehr -*ae* (-*as*) und -*i* (-*os*) systematisch weiterzuführen. Dies setzte aber zuvor tiefgreifende Änderungen der Kasusflexion voraus, die wir nur indirekt in den Auswirkungen an Kasuszeichen fassen können. In der Kasusbezeichnung muß spätestens mit der Reduktion der letzten Auslautkonsonanten die bisherige Differenzierung (Quantität, dann auch Qualität) der Auslautvokale aufgegeben worden sein. Die dafür eingetretenen neuen »Kasus«-zeichen wie Klitika (*de, a, per* etc.) oder Stellung in der Wortfolge eigneten sich auch, mit vereinfachten Semantemklassen den Plural parallel zum Singular zu kennzeichnen, was ja im Latein schon vorkam (-*arum*/-*orum*). Damit war der Zahl der Pluralbildungen eine ökonomische Grenze gesteckt, die aber keineswegs – ebensowenig wie andere damit zusammenhängende Voraussetzungen – über Jahrhunderte hinweg gleich bleiben konnte.

Heimische Wörter zeigen im Zlad. Pluralbildungen mit -*s* oder mit -*i*. Das sind einmal gegensätzliche Zeichen, wenn wir an die alte West-Ost-Gliederung der Romania denken und an die Rolle des -*s* bei dieser »klassischen« Einteilung; zum andern können wir schon seit frühlat. Zeit feststellen, daß die Fügung mit ein und demselben Morphem (bes. Suffix) auf Schwierigkeiten stößt, wenn vorwiegend konsonantischer Auslaut der Semanteme durch einige wenige vokalauslautende Morpheme durchbrochen wird oder umgekehrt. Wie ist nun dieses Nebeneinander von konsonantischen und vokalischen Zeichen zu deuten?

Wenn man von der heutigen Synchronie ausgeht, drängt sich zuerst die Unterscheidung nach den zwei großen Betonungsklassen auf, die sehr verschiedene Gegebenheiten aufwiesen und auf Pluralzeichen entsprechend verschieden reagierten: Oxytona und Paroxytona. Die letzteren – es sind bis auf wenige Randfälle Feminina – bleiben im Plural paroxyton, da nur das nachtonige Morphem des Sg. -*a* mit dem des Plurals -*əz* wechselt. Die ersteren zerfallen in zwei Unterklassen, und zwar je nach Auslaut vorerst durch stimmlos-konsonantischen und durch sonor-vokalischen Auslaut bestimmt. Diese Oxytona auf Vokal hängen im Plural -*z*

---

[52] Die nicht durch Konsonant gedeckte Vokallänge im (lat. unbetonten) Auslaut wurde offensichtlich reduziert, wie auch aus der Behandlung der Proparoxytona – vgl. S. 19 und 37 den »Quantitätsumlaut«, der im Afrz. sehr ähnlich wirkt – hervorgeht. Das muß jedoch eine Folge der schon konkomitant gewordenen (lexikalisierten?) Kasusendungen sein. Vgl. G. Moignet, *Sur le système de la flexion à deux cas de l'ancien français*, in: *TraLiLi IV, 1* (1966) S. 339ff. (= *Fs. Mons. P. Gardette*).

an; in Oxytona auf Konsonant bildet dieser gewöhnlich im Plural ein
Gefüge mit *-i*, das dann als starke Konsonanz (*-ti* > *-ty* > *-č*) in Opposition zum Auslaut im Sg. tritt. Das ergibt als bad. Schema (*ẹ̄ga* < AQUA,
parū́ < PALUDE, *früt* < FRUCTU):

	Paroxytona	Oxytona	1.	2.	3.
Sg.	*ẹ̄ga*	*parū́*	*früt*	*-a#*	*-ū́#*	*-t#*
Plur.	*ẹ̄gəZ*	*parū̆Z*	*frǖč*	*-əz#*	*-ū̆z#*	*-č#*

Diesem Schema sind Gemeinsamkeiten zwischen den archaischeren Typen 1. und 2. zu entnehmen: das Pluralzeichen ist für beide anscheinend
-z; weiters teilen beide den Vokalauslaut im Singular, jedoch unter verschiedenen Betonungsverhältnissen. Nun ist ja in Paroxytona die Belastung der Tonsilben nicht annähernd so groß wie in Oxytona, da für den
Tonvokal Quantität bzw. für die Folgekonsonanz Qualität frei verfügbar
sind. In der Nachtonsilbe jedoch blieb im Auslaut und vor *-z* nur ein

$$\text{Vokal erhalten:} \quad \frac{-a\#}{-əz\#} = \frac{-a\Pi}{-əs\Pi}$$

Damit kann *-ə-* als reduzierte Länge oder Kürze aufgefaßt werden, nämlich als *-əs* < *-azə* oder *-əs* < *-ass*. In Gröden, Fassa und Ampezzo blieb
nur die Pausa-Form fest, während im Satzinlaut *-z-* ausfiel: bad. *ləz bẹləs
čāzəs*, grödn. *la bëla čāzəs*.

Die Oxytona auf Vokal weichen davon ab, indem das Pluralmorphem
komplexer ist, nämlich *-z* mit wenigstens konkomitanter Quantität des
Tonvokals. Einerseits wird das *-z#* vor Pausa als Vokallänge *+sΠ* gekennzeichnet[53], andererseits aber werden auch einige oxytone Pluralformen ohne *-z* und ausschließlich durch Quantität des auslautenden Tonvokals bezeichnet. So stehen nebeneinander LUPUS > Sg. *luΠ*, Plur. *lūsΠ*
oder auch

Sg.	ROBURE > *rọ*,	*ROVA > *rọ̄* /	mar. *rọ́a*,	PRATU > *prẹ* /	mar. *prẹ̄*
Plur.	*rọ́i*	*rọ̄s*/	*rọəs*	*prā*/	*prẹ̄s*

Die Belastung des Tonvokales wird im Oxytonon bei Vokalauslaut schon
mitunter überfordert, denn eine stabile Vokallänge muß konsonantisch
gedeckt sein; damit würden aber etwa *-áΠ* und *-āsΠ* im Vokal gleichwertig, ebenso *-ā#* und *-āzΠ* wie auch *-á#* und *-ás#*. Es treten also
Gruppenbildungen und weiterhin Vokalqualitäten ein, um die nötigen
Unterscheidungen zu halten, etwa *-ọ́i* für *-ọ̄*, *-ẹ* für *-ái* < *-ā* etc.
Der 3. Typ, Oxytona mit konsonantischem Auslaut, zeigt nicht nur bei
einigen Randfällen mehrfache Pluralbildungsmöglichkeit, er zieht ganz
allgemein eine ganze Reihe von neuen Phonemen und Gefügen als
Pluralzeichen heran.

---

[53] Die Neutralisierung der Stimmhaftigkeit (*-z#* > *-ZΠ* bzw. [*-s*]) ist als
Verstärkung des Auslautkonsonanten zu verstehen, wie etwa der mar.
Plural *parū̆š* zu *parū́* beweist.

Singular auf:			Pluralzeichen (postdeterminativ):		
p	t	k	$Ø$ $(+ s/+ e̱š)$	$č$	$č$ $(š)$
f	$š$	$(č)$	$Ø$ $(+ s)$	$Ø$	$-$
	s			$š$	
$(bə$	$də$	$gə$	i	i	i
$u̱$	$žə$	$(ǧ)$	i	i	$-$
	$zə$	$)$		i	
m	n	$ŋ$	$+ ʒ$	$+ ʒ/+ s$	$+ s$
l	r	y	y $(+ ʒ)$	$+ ʒ$	$+ s$
	$Π$			$\#$	
i	$ü$		$īZ$		$ūZ$
e	o		$ā/ẹ̄Z$		$ōy/ōZ$
	etc.			etc.	

Die schon bekannte Konsonantenklasse K_1 zeigt hier Schichten[54], etwa $p - t - k$. Die gewöhnliche Pluralbildung zu *tämp* 'Zeit' – *därt* 'Recht' – *sāk* 'Sack' ist (i) *tämp – därč – sāč*. Die parallele Schichte von K_2, nämlich $b - d - g$, kann im Auslaut nur indirekt auftreten, als Fügung – d. h. verhärtet als *-p, -t, -k* in bestimmten Phonemfolgen – oder phonetisch, d. h. phonologisch als *-bə, -də, -gə*. Als Pluralformen zu *ọrp* < MORBU, *fräit* < FRIGIDU, *lük* < LOCU gelten gewöhnlich *ọrpəš, fräič, lüš*; als Randformen finden sich auch *čamp* 'link' – *cam(p)s* (Rina), *tröp* 'viel' – *tröts̆*, *ọrd(ə)* 'Gerste' – *ọrdẹš, lẹk* 'See' – *lẹ̄č* mar. *lẹ – lẹ̄s*.

In der Pluralbildung gibt es also eine deutliche Trennung[55] zwischen K_1 und K_2: $Ø$ *-č*   *-č*

      -əš   *-əš*   *-(ə)š*

Normal sind P, T, C nur erhalten, soweit sie in starker Stellung standen, also etwa -T#TU, -P#TU, -R#TU, während für B, D, G lediglich der Typ -R#DU (*sūrt* < SORDU) in Frage steht. Diese Stellung kommt im Auslaut

---

[54] *Struktur* ist mehr als nur eine gedachte Zusammenstellung von Phonemen nach phonetischen Merkmalen. Vgl. etwa die hier erkennbare Struktur des lat. Konsonanteninventares (W. Brandenstein gibt in Fr. Altheim, *Geschichte der lat. Sprache*, Frankfurt 1951, 481–498, die grundlegende Kombinatorik), das nach den zlad. Fügungen so ausgesehen haben könnte:

QU	P	T	S	K	bad. Plur. Morph.	č	š	č	š	č
GU	B	D	Dy	G		i	i	i	i	s
F	M	N	Gn	Ci		$-$	$ʒ$	s	s	$-$
V	R	L	Ly	Y		y	$ʒ$	$ʒ$	s	$\#$

Phonetisch hat sich nicht allzu viel geändert, wohl aber die phonologische Gestalt und Distribution der Phoneme (bad. in 3, lomb. in 4 Serien ausgebildet).

[55] Phonologische Ansätze wie *-d* halte ich in gallorom. Sprachständen mit Auslautverhärtung für unmöglich: entweder *-dəΠ* oder *-d#*, wie distributive Parallelen nahelegen. Ob Auslautverhärtung – d. h. Oxytonierung – eintreten kann, hängt von der Kompensierungsmöglichkeit ab, vgl. *brọ́da* – *brọ̆t*. Die Sprechenergie kann wohl verlagert, aber nicht (ohne weiteres) durch Phonemschwund reduziert werden.

53

der Plurale als Affrikate zum Ausdruck; die einst schwachen Varianten
(K_2), die sich überhaupt im Auslaut hielten, sind gewöhnlich Palatale
ohne Verschluß. Daher die Rolle von -*č* und -*š*: *č* ist die einzige positions-
unabhängige Affrikate, *š* (< -SSI, -SIU, (-GIU), -CIU) ist in starker und
schwacher Auslautfügung möglich, im Fassanischen und archaisch im
Grödnerischen oder Gadertalischen ebenso -*f*.
Nach den Serien *p* – *t* – *k* ist die Staffelung recht eigenartig und wiederholt sich auch in anderen Unterklassen. Um einen Kern im Paradigma,
der mit -*č* ein junges Pluralzeichen hat, legen sich ältere Schichten mit *tš*/
š und *ʒ* / *s*. Der neuernde Kern liegt einerseits in der Velarserie und greift
auch auf die Dentalserie über; in Bezug auf die Klassen scheint III (Nasale, bes. stark) konservativer als II (Lenes), diese wieder archaischer als I
(Fortes). Bei Oxytona auf Konsonant ergibt sich also in der Pluralbildung
eine Unterscheidung nach der Serie wie auch nach der Klasse des Auslautkonsonanten, nämlich:

Sg.	-*p*	-*t*	-*k* :		
Ø	-*č*	-*č*	Pluralzeichen zu	-CCU etc.
-*tš*	-*č*	-*č*	-,,-	-RCU
-*əš*	-*č*	-*č*	-,,-	-RGU
-*ʒ*	-*ʒ*	-*č*	-,,-	-GNU
-*s*	-*s*	-*š*/-*s*	-,,-	-CU
-*s*	-*ñ*(*s*)	-*s*	-,,-	-NU

Ebenso kann man aber auch nach den Merkmalen der Pluralformen un-
terteilen, und damit erhält man eine morphologische Gliederung der
Nomina. So gibt es einmal antretende und wechselnde Merkmale für den
Plural oder, wenn man will, wechselnde nach dem Typ x – Ø bzw. Ø – x
und nach dem Typ x – y. Oft sind wechselnde Merkmale nur scheinbar
als antretende Zeichen eingeordnet, wie sich gleich zeigt:

$$\frac{-a\#}{-əz\#} = \frac{-a\mathit{\Pi}}{-əs\mathit{\Pi}} \rightarrow \quad \begin{matrix} -\breve{a}/-\bar{a} & -\breve{a} \\ (-\breve{a}) & -\bar{a}/-\breve{a} \end{matrix} \quad \text{lat.} \begin{matrix} -\text{A}/a & -\text{AM}/\tilde{a} \\ (-\text{AI}/\bar{a}) & -\text{AS}/\bar{a} \end{matrix}$$

Bei dieser Nominalklasse, den fem. Paroxytona, könnte man Ø – Z ver-
muten; das Z ist aber primär Fugenzeichen, da es in dieser Stellung
nach reduziertem Nachtonvokal mit *s* wechseln kann und auch wechselt
als -*z*# = -*s*$\mathit{\Pi}$. Wie die Satzphonetik zeigt, ist erst -*s* hier Pluralzeichen,
und auch nur konkomitantes: -*s* setzt kurzen Nachtonvokal -*ə*- voraus,
und dieser ist gleichwertig mit oxytoner starker Tonsilbe (*räi* < RETE,
mätə < MITTERE). Das -*a* und -*əZ* im Nachton sind primär Genuszeichen
und als solche gehalten worden; allerdings bleibt mit der Nachtonsilbe
auch deren anlautende Konsonanz erhalten, die im Auslaut ja stark eingeschränkt würde. Man vergleiche[56]:

---

[56] Wir bezeichnen mit K Konsonanten, mit V Vokale, genauer monophone-
matische Vokalgruppen mit Vv oder vV (fallende, steigende Diphthonge)
und vv (Langvokale).

FRIGIDU > *fräit*   SITE > *säi* $Vv + t$ $Vv + \emptyset$

FRIGIDA > *fräidα*   SETA > *sädα* $Vv + dα$ $V + dα$

Paroxytona können zlad. allgemein in der Tonsilbe über eine Vokal-quantität mehr als Oxytona verfügen, Paroxytona auf -*a*, -*əK* auch über Stimmhaftigkeit der Tonsilben-Folgekonsonanz, die aber mit der Tonsilbe zusammenhängt.

In Oxytona auf Vokal ist das Pluralzeichen heute keineswegs mehr -*z* allein, sondern ebensosehr der starke Vokal (Länge, Vokalgruppe). Das -*z* bedingt nämlich im vorausgehenden Tonvokal sichere Quantität, indem es die Fuge ausschaltet durch »fast« minimale Konsonanz; allerdings hängt auch die stabile Quantität von der Folge -*z* ab, die nur als -*z#* wirklich Bestand zu haben scheint – oder als -*sΠ*. Bei extremer Pausa-form wie bei Fugenform (-*zΠ*, -*z#* als -*ZΠ*, -*Ø#*) geht die Entwicklung auf Abbau gültiger Vokalquantität hin, die dann eine Gruppenbildung im Tonvokal funktional übernehmen kann: ME(N)SE > *mäisΠ*, *mäiz#* oder PRATU > *prɛΠ* Plur. mar. *prɛ̄sΠ*, *prɛ̄z#*, bad. *prāΠ*, *pra#* < *prái. Gerade bei der Entwicklung von -ATU zeigt sich deutlich, daß beim Vokal mit zentraler Stellung (-*á*) im Laufe der kräftigen Vokaldifferen-zierung die Stadien Quantität – Gruppe – Qualität wiederholt angebahnt wurden und das bad. Pluralmorphem um-lautet, also Wechsel als Merkmal zeigt gegenüber noch komplexerem mar. Quantitätswechsel mit antretendem -*Z*.

Oxytona zeigen jedoch häufiger konsonantischen Auslaut. In der Plural-bildung wird nun gewöhnlich dieser Auslaut verändert. Bisher bezogen sich die Numerusmerkmale vorwiegend auf vokalische Quantität oder weiterhin auf Gruppe und Qualität (Brechungs- und Umlautergebnisse), die durch -*Z* oder -*α*, -*ə*, -*i* erreicht wurden. Auch die Konsonanten sind ähnlich differenziert, wie ein Vergleich ersehen läßt:

sädα < SETA	–	*sädəs*	*munt* f. < MONTE		–	*munz*
rǭ/rǫ́a < *ROVA	–	*rǭs/rǫəs*	*punt*	< PUNCTU	–	*punč*
täi < TELU	–	*täis*	*tās*	< TAXU	–	*tāš*
pɛrə < PATRE	–	*pɛrəš*	*käš*	< ECCU + ISTE	–	*kĭš*
		pɛ́ri				

Das -*Z* hat sich hier nur sporadisch in starker Stellung gehalten (Variante *z* = [*ts*]), wenn es von Feminina gestützt wird. Da erhaltener Auslaut-konsonant vorwiegend auf Gruppen zurückgeht, Dreiergruppen jedoch nicht gebildet werden, mußte das -*S* ersetzt werden: *čɛ̄r* < CARU – *čɛ̄rz*, *pɛ̄l* < PELLE – *pɛ̄lz*, aber *värt* < VIRIDIS – *värč*, *ālt* < ALTU – *ālč* (fem. *ālt(ə)s*!). Die konsonantische Quantität ist im Zlad. eingeschränkt, denn einmal gibt es keine Geminaten mehr, zum andern sind Gruppenbildun-gen durch die westromanische Regelung auf zwei im Auslaut beschränkt. So blieb nun diese Lösung: In die konsonantische Qualität auszuweichen, in die intensivere Kontrastfülle der Palatale. Den Übergang bildete $i > y$, dem Z sehr funktionsverwandt[57] als konkomitantes Quantitätsmerkmal; das Schwanken und Reste bei schwer palatalisierbaren Labialen beweisen den Weg: Sg. *-p* ist im Plur. *-p* (seltenere Varianten *-pəš*, *-p(ə)s*, *-pi*), dgl. *-f* Plur. *-f* (*-fs*), *sabə* < SAPIU Plur. *sábi*, *léu* < LEPORE Plur. *léoi*.

Die Flexion der Substantiva wird aber keineswegs nur durch gebundene Morpheme bezeichnet, die im oder enklitisch am Signifikanten stehen. Es können teilgebundene Morpheme im Vorton und Stellungsmerkmale, die gewöhnlich nur konkomitant beteiligt sind, in den Vordergrund treten und allein als Fügungskomplex Merkmalträger werden. Sogenannte undeklinierbare Nomina[58] können sehr wohl flektiert sein, nur tritt das Merkmal etwas ungewohnt als Beziehungskomplex auf. Nomina auf *-p*, *-f*, *-č*, *-š* zeigen in der Regel im Plural keine Veränderung des Signifikanten im Sg.; der Sg. wird jedoch ganz verschieden vom Plural gefügt:

nǫš vižíŋ ę ñü kǫla müta.	–	*vižíŋz#*	*mitáŋsΠ*
		nə̄š . . . ñüZ	*kǫləZ . . .*
nǫš kräp ę kurí də čüf.	–	*kräp*	*čüfΠ*
		nə̄š . . . kurīz . . .	

Auch völlig homophone Bedeutungsträger werden allermeist verschieden aktualisiert, d. h. sie stehen verschieden in den übergeordneten Fügungen und können daher aus ihrer verschiedenen Distribution heraus klar getrennt werden, wie *kräp* oder *čüf* dartun.

PALATALSCHÜBE UND STELLUNGSWERTE

Wir wollen von einer Beobachtung ausgehen, die am Rande der Sprachentwicklung oberitalienischer Dialekträume steht, von einer kleinräumigen Umlauterscheinung. Der Umlaut, der besonders in der Romagna, aber auch im westlombardischen Norden und in geringerem Maße fast

---

[57] Vokal- und Konsonantenparadigma grenzen aneinander mit *i* und *y* wie auch mit *Π* und *≠*. Die Grenzwerte berühren sich: Wenn der Kontrast gegen Null geht, entfällt die Möglichkeit der eindeutigen Fügung, wie etwa *ta* gegenüber [*yi*] als *y – yi – i – iy* (*páya*, *séi* etc.) zeigt. Bei Kontrast ∅ beginnt die Opposition und damit mögliche Gruppenbildung etwa bei *tr*, *rt* wie bei *ái* oder auch *ā* (*aa*). Wir werden noch beim Umlaut darauf zurückkommen.

[58] In J. B. Altons neu bearbeitetem *Ladin dla Val Badia* (hg. v. F. Vittur, Brixen 1968) haben wir diese Substantiva (16ff.) zur »endungslosen Deklination« gestellt; es treten wiederum historische Schichten zutage: 1. auf die alte *p*-Serie auslautende Nomina werden prädeterminierend flektiert und ebenso 2. Nomina auf jungen Palatalauslaut, die übrigen sind postdeterminiert.

überall in der Formenbildung des Galloitalischen nachzuweisen ist, wo die Pluralmorpheme umstrukturiert werden, kann in unseren Bergtälern nur mehr in Resten erfaßt werden, die dem Ausgleich entgingen[59]. Gerade die südliche Romania ist ebenso umlautfreudig, wie sie im Vokalismus konservativ ist. Um diese großräumige Merkmal- und damit Belastungsverlagerung, die im U m l a u t letztlich gegeben ist, soll es uns aber vorerst gar nicht gehen, sondern um ein kleinräumiges, spätes Abbild davon, das viel leichter zu überschauen ist.

Man sucht in den Arbeiten über das Zlad. (Wortschatz, Formenlehre) vergeblich eine Erklärung, warum es im Gadertal Verba auf -ARE gibt, die zum Teil auf -é, zum Teil aber auf -ę auslauten, zu welchen noch einige Nomina kommen, die auf -APU, -ATU, -ALU zurückgehen (čę 'Kopf', prę 'Wiese', mę 'Weh'). J. B. Alton[60] hat als Kolfuschger das Obad. im Auge und nennt als Infinitive der ersten Verbalklasse -è, -é, die im Mareo alle auf -é enden; ebenso trennt Th. Gartner[61] Infinitive auf -ę und -å (-è, -ë), ohne dafür einen triftigen Grund angeben zu können. Auch der Badiot setzt ganz unbewußt -é oder -è (die übrigens phonetisch wegen des im Paradigma eingeschobenen ë anders gelagert sind als ę – ę im Südbair. oder Trentinischen), unterscheidet sie aber genau und lacht über gelegentliche Mißverständnisse (etwa curè < COLARE / curé < CURARE).

Nun zeigt aber, wie wir an anderer Stelle[62] schon andeuteten, das rückläufige Wörterbuch eine eigentlich recht klare Regelung, so daß man sich wundert, diese nicht früher gesehen zu haben: Wörter, die einen Palatalvokal enthalten oder einen Palatalkonsonanten mit dem Tonvokal in Kontaktstellung aufweisen, lauten im Badiot nie auf -ę. In Gröden[63] wird dieser Umlaut auf die Kontaktstellung eingeschränkt: danè < DAMNARE, fumè < FUMARE, aber suië < SUDICARE (bad. danè, fumé, suié, mar. dané, fömé, süié). Die Verba, die überwiegend von diesem eng begrenzten Umlaut nördlich der Sella betroffen sind, zeigen uns auch die Funktion dieser Veränderung gegenüber Mareo, wo andere Verhältnisse vorliegen. Einmal werden rückläufig – im linearen Phonemverband im »Nachhinein« – die schwachtonigen i und u mit ihren Gruppenbildungen von den übrigen Vokalen getrennt, zum andern scheidet der Tonvokal die unmittelbar

---

[59] Vgl. W. Th. Elwert, *Mda. des Fassatals* S. 46: fass. kęšt, aber kiš < ECCU ISTI.

[60] Vgl. J. B. Alton, *Die ladinischen Idiome*, Innsbruck 1879, S. 105f. oder ders., *Stóries e chiánties ladines*, Innsbruck 1895, S. 123ff. (Glossario).

[61] Vgl. Th. Gartner, *Gredner Mda.*, Linz 1879; ebenso ders., *Handbuch der rtr. Sprache und Literatur*, Halle 1910, S. 191, 225 (-é/-ę). A. Lardschneider schreibt im *Wb. der Grödner Mda.* (Ibk. 1933) etwa: paiĕ, palè etc., also (ĕ/-è). Th. Gartner, *Rtr. Grammatik* (Heilbronn 1883) meint S. 133, daß grödn. »purtè/mąią« und bad. »purtè/taié . . . rein phonetische Abweichungen« seien.

[62] Vgl. J. B. Alton, *L Ladin dal Val Badia*, Brixen 1968, S. 67 Anmerkung.

[63] Auch im Fassatal ist der Umlaut mit ähnlichen Einschränkungen zu belegen, vgl. W. Th. Elwert, *Mda. des Fassatals* S. 35ff.

voranstehende Konsonanz nach Palatalen und Nichtpalatalen. Die oxytonen Wörter auf -ę́ müssen also in einer Vortonsilbe oder gleich vor dem Tonvokal ein palatales Phonem aufweisen. Daraus lassen sich nun einige wesentliche Züge der Palatalisierung ablesen.

Die Vokalregelung ist regional beschränkter – ohne Gröden – und daher wohl als jüngere Ausweitung der alten Umlautbedingungen zu betrachten oder als Resultat veränderter Grundlage (Badia $\bar{u} > \ddot{u}$). Dieselbe Vokalregelung kompensiert größtenteils die Neutralisierung $(i = e) > i$, $(u = o) > u$ im Vorton, die in Enneberg nicht gilt. Ohne das in den Tonvokal verlagerte Merkmal, das in stammbetonten Verbalformen ja wieder zutage tritt, würde die Vortonreduktion reihenweise bad. Kollisionen ergeben: *abuté – abŭta* 'aufwerfen, blähen', aber *ascutè – ascúta* 'hören' oder *unité* < UNITATE, *aurité* < VERITATE, aber *frogorè* (oder: *frugurè*) < FOCOLARE, etc.

Ebenso kann aber auch die Konsonanz vor dem Tonvokal genauer bestimmt werden, wenn wir von einigen Überschneidungen wie *afićé* < AD-FIGICARE (*ëi* wie *deidé* < DE-AITARE, *ć* wie *frać́é* < FRAGICARE) absehen: -*čę́*, -*ǧę́*, -*ñę́*, -*yę́*

stehen neben -*čę́*, -*šę́*, -*žę́*, -*nę́*, -*lę́* u. a.

In Gröden gilt heute schon allgemein *č* > *č*, etwa *čačę́* gegen *mančë*, in Enneberg *čačę́* – *mančę́* und bad. *čačę́* < CAPTIARE – *mančę́* < MANCARE. Es entsprechen sich also: grödn. -*è* ~ -*ë*

bad.   -*čè* ~ -*čé*

mar.   -*č*- ~ -*č*-

Damit ist im Badiot in diesen Fällen *č* nur mehr konkomitant beteiligt und auch bei der jungen Generation mitunter fakultativ geworden. Ebenso kann ohne Gefahr das *ñ* über *in* fallen, etwa wie in *štlainę́* (zu LANA, meint 'wirres Haar'), oder das *ǧ* in *manǧę́* < MANDUCARE zu *manžę́* umgedeutet werden. Sicher hängt damit ubad. *braišę́* < BRACHEN – obad. *brašę́* (schwankt, auch *brašę́*) zusammen, das in der Entwicklung LANA > *láina* > *lāna* nachfolgt.

Wir haben also in diesem Umlaut ein echtes Gefüge zu sehen, in dem *i/u* vor -*ę́* oder Palatalkonsonanten unmittelbar vor -*ę́* einen Zeichenwert erhalten, der weder von vortonigem *i/u* noch von Palatalen allein noch lediglich von -*ę́* (oder *ę́*) ausgedrückt werden kann, wohl aber in ganz bestimmter Fügung zweier gekoppelter Zeichen. Diese Lautveränderung muß nicht nur wegen ihrer begrenzten Geltung um den obad. Sprachhorst herum, sondern ebenso wegen ihrer Einpassung in eine relativ späte Phonemstruktur – mit allen heute geltenden Palatalen – sehr jung sein und weist auf zunehmende Reduktion der Vortonvokale und Kompensierung von Palatalkonsonanten durch Vokale.

Schon früher gingen Entwicklungstendenzen in der Galloromania kräftig in ähnliche Richtung. Wir meinen damit den Wandel CA > *ča*, der mindestens ebenso stark im Vokalsystem verankert ist wie in den konsonantischen Strukturen, aber einige Jahrhunderte älter sein muß[64]. Das zeigen Ausdehnung in der mittleren und nördlichen Galloromania, ebenso die Einpassung in ältere Strukturen (Paroxytona, nur Präpalatale im Paradigma). Auch diese Merkmalverlagerung hat zwei Wirkungsbereiche, nämlich den Silbenanlaut *k*-, *g*- und den Folgevokal *a* (mit *á*, *α*): QUA-~ CA- → *ka*~*ča* etwa in bad. *kaŋ* < QUANDO~*čaŋ* < CANE, *kačę̆*~*čačę̆* zu CAPTIARE und im Inlaut *lëiŋga* < LINGUA – *lunğa* < LUNGA, *ēga* < AQUA, AEQUA – *vāča* < VACCA – *pāya* < PACAT, *lę̄rğa* < LARGA – *štę̄rša* zu STARK. Es kann dabei nicht sosehr um die Differenzierung im Anlaut als vielmehr um die Scheidung von verschiedenwertigen Gruppenbildungen und Gefügen im Auslaut gehen, da diese viel häufiger auftreten.

So stehen nebeneinander bei T und D (nach N, R, L):

UNU	–	UNA	*adüm/uŋ*	–	*lüna*	*pŭr*	–	*plŭra*	*kü*	
UNDU	–	UNDA	*mǫn*	–	*mǫna*	*sūrt*	–	*sūrda*	*tut*	
UNCTU	–	UNCTA	*unt*	–	*púnta*	*kŭrt*	–	*kŭrta*		
UNNU	–	UNNA	*altǫn*	–	*korúna*	(*tǫr*)	–	*kǭr*	*pul*	– *fǫ́la*
ONU	–	ONA	*padrúŋ*	–	*morǫ́na*	(*-adú*)	–	*ǫ́ra*	*su*	– *sǫ́ra*

und entsprechend C und G:

NY	*žüñ*	– *pekú́ña*				
NG	*dluŋk*	– *lúnğa*	*lę̄rk*	– *lę̄rğa*		
NC	*ruŋk*	– *rúnča*	*štę̄rk*	– *štę̄rša*	*ālk*	– *ālča*
NGU	(*saŋk*)	– *lëiŋga*				
NQU	(*čiŋk*)	– *dúŋka*			*vālk*	– *vālga-*
GN	*püñ(-ŋ)*	– *pŭ́ña*				

Die Differenzierungen des alten U vor Nasal (mit Dentalen) reichen im Vokalbereich von *ü* über *u* bis *ǫ* und verwenden keine vokalische Quantität, der U-Umlaut betrifft Vokale vor einfacher Konsonanz N und wohl auch vor der Geminate NN (?). Das U vor Nasal mit Velaren ist dagegen bedeutend stärker belastet, weil *ŋ* und *ñ* als alte Gefüge (*yn* – *ny*) einschneidende Positionsbeschränkungen mit sich bringen und zudem eine Reihe von Kombinationen (Labiovelare) überdies zu bewältigen ist.

Solange das spätlat. System der Auslautvokale (wie heute im Ital., zwei Serien und zwei Stufen, schwachtoniges -*a*, -*e*; -*o*, -*i*) feststand, waren die Paroxytona auch im Velarbereich mit Vokalquantität noch unterzubringen, wie die R-Fügungen mit *ū̆*, *ū* und *ǫ* zeigen. Die Kurzvokale sind paroxyton ausgeklammert, aber gegeben: *špurk* < SPURCU 'Nachgeburt' und *fūrča* < FURCA sind sicher bodenständig.

---

[64] Vgl. Politzer, *Nonsberger Mda.* S. 67f.; B. Richter-Santifaller, *Ortsnamen von Ladinien* S. 188 gibt für Buchenstein (Ornela) 1368 *Kelikasi*, aber 1566 *Quellecase* (phonologisiertes *ca* als [*ča*] gegen *que* als [*ke*]) für *chële(s)* *ćiases*, ähnlich für Enneberg S. 91. Man beachte, daß in den älteren Graphien meist *ch*, *k* für [*k*], *tsch* für [*tš*] und *z*, *ci* für [*ts*] geschrieben wird: so bleiben nur kombinatorische Graphien (*ca*, *kia* u. a.).

Da nun in derart angelegten Sprachständen die starken Vokale, die Tonvokale vor der Silbenfuge, ganz eindeutig am kräftigsten Neuerungen anbahnen, müssen wir davon ausgehen und von den mit diesen Vokalen verbundenen Konsonanten. Intervokalisches -C- > -G- > -y- (etwa in PACAT > *pāya*, SECAT > *siëya* oder PRECAT > *prëya*) ist eine der wichtigen »Weichenstellungen«:

bad. *pāya* kann /pá ≠ i ≠ a/ als Proparoxytonon oder
   aber /pá$_i$ ≠ ya/ als Paroxytonon mit Diphthong
   oder /pā ≠ ya/ als Paroxytonon mit Langvokal

sein. Ähnliches gilt für die Maskulina:

bad. *vëi* < VERU kann /väi/ als Paroxytonon oder
   aber /véiy/ als Oxytonon mit Diphthong
   oder /väy/ als Oxytonon mit Langvokal

sein. Wir halten daher fest, daß Palatalphoneme ausgezeichnete Weichen für Umdeutungen sind, und zwar Palatalkonsonanten (*ñ, ł, y* . . .) wie auch Vokalgruppen mit Palatalvokal (*ái, éi, úi* . . .).
In den Gruppenbildungen jedoch kommt es zu einigen Schwierigkeiten, weil hier – gedeckt und somit weitgehend unverändert – C und G geschieden sind und bleiben sollen. Bei *ñ*, das ebenfalls in die uns hier interessierende hintere Serie gehört, kollidieren etwa paroxyton bad. *aŋküñə* < INCUDINE und *püñə* < PUGNU (mar. *eŋküña* weicht aus) oder *čāna* < *čáña < CANEA und *lāna* < LANA (mar. *čána* 'Hündin', häufiger *kiča*, das dann im Osten allein dominiert). Mar. *püŋ* 'Faust' oder bad. *torǫin* zu ROTUNDU zeigen aber auch bei den Nasalen dieser Serie trotz fehlendem Stimmton neben *ñ* noch andere Ausweichmöglichkeiten im -*ŋ* oder im Diphthong.
In der damals reagierenden Phonemstruktur stand offenbar auch das *č* noch in der hinteren Serie. PICEU > *pëtš* und PISCE > *pëš* als *péǵiu bzw. *pęść kollidieren gewöhnlich ebensowenig wie *y* und *ž* (*plāya* < PLAGA, *áźia* < ACIDA), stehen aber sehr nahe an Stellungsvarianten desselben Phonems. Bei *lāč* < LAQUEU, *brāč* < BRACCHIU, -*ač* < -ACEU, *lāš* < LAXU, *lęč* < LACI (und *lęš* nach LOCI ?), *pęš* < PACE, *fęš* < FACIO geht es trotz Umlaut nicht ohne Kollisionen ab, die sich in Paroxytona auf -*a* vervielfachen müßten ohne anderweitige Stütze. Man vergleiche:

bad. Sg. *lęrk*	*lęrǧa* [= mar. *lérya*	
Plur. *lęrč*	*lęrǧes*	*léryęs]*
-ARG + *II*	-ARG + *y* + *a*	
-ARG + *y* + *II*	-ARG + *y* + *a* + *s*	
štęrk	*štęrša*	
štęrš	*štęršes*	
-ARK + #	-ARK + *y* + *a*	
-ARK + *y* + #	-ARK + *y* + (*e*) + *s*	

60

Sogar der Sg. mask. kann noch unterschieden werden, wenn es nicht gerade um -AR- geht (Umlaut, etwa *buŋ – bǫñ*), und QU~GU werden ohne Beengung analog zu T und D eingebaut.

Wenn man sich freimachen kann von den vertrauten lat. Voraussetzungen und nicht unbedingt diese herauslesen will aus einem bestimmten Hier und Jetzt eines zlad. Sprachstandes, so kann man beobachten:

1. *-ārg* + *Π* = *-ārk* + *#* (vgl. *vęrt* < ARDET – *ęrt* < ARTE, aber etwa *sūrt/sūrda – kūrt/kūrta*);

2. *-ārgy* + *Π* zu *-ārky* + *Π* = *-rč*~*-rš* (vgl. aber im Vorton *baržę̈l* < *BARGELLU < BARICELLU – purčę̈l* < PORCELLU, also *-rž#*~*-rč#*);

3. bad. *-ārgy* + *a* zu *-ārky* + *a* = *-rğ̈-*~*-rš-* (und im Vorton: *larğę̈* < *LARGATU < LARICATU – marčę̈* < MERCATU, also *-rğ̈-*~*-rč-*, vgl. *šč-* > *š* in *šaldę̈* < EX-CALDARE etc.)

   mar. *-ārya* zu *-ārkya* entspricht genau –NDU ~ -NTU als *-n*~*-nt*, wobei das *-ārya* auch als *-āria* > *-ęrya* dem *-ARIA* > *-áira* (14. Jht.) > *-āra* ausweichen konnte.

Es geht im Grunde um die wechselseitige Zuordnung und Gruppenbildung der fast minimal oder minimal kontrastierenden Phoneme beider Hauptklassen, der Konsonanten wie der Vokale. In der Abfolge /z – y – *Π*/ und /*#* – ə – α/ sind die »Gelenke« der Fugen- mit den Gipfelphonemen leicht erkennbar, aber in der Realisierung selbst der herausgestellten Hochtonformen sind die Deutungen der Laute als Gestalt nicht immer ganz einfach. In den uns hier beschäftigenden Sprachständen wurden die Vokale nach zwei Seiten stark erweitert: einmal die starken Vokale als Quantitäten, Qualitäten und Gruppen, zum andern die schwachen Vokale durch Reduktion. Es klingt paradox, daß die Vokale auch durch Abschwächung vermehrt worden seien, ist aber dennoch richtig, denn erst die reduzierten Vokale erlauben Staffelungen und *Gruppen*bildungen; gleichwertige Vokale bilden dagegen Hiat, eine Vokalfolge. Erst die annähernd extremen Vokale – sei es im Paradigma das *i* oder in der Betonung der Nachton – erlauben diese feinen Abstufungen, die mehrere Vokalstrukturen nebeneinander nach Stellung, Betonung und Fügung verlangen.

Auch die Ausprägung der Silben- und Wortfugen verläuft in ähnlicher Richtung. Das -s dürfte im Lat. stabil gewesen sein, wo es davor noch Vokalquantität gab[65]. Aber auch die Vokalgruppe *ái* (als AE) tat etwa denselben Dienst, wie Nomina im Plur. Nom. zeigen (oder: FAMILIA*s*). Weitere Abbautendenzen in der auslautenden Konsonanz weisen auf einen Hang zum nachtonigen Vokalauslaut (-UM > *ũ* > *o*). Erst die weit-

---

[65] Das muß in Einsilblern der Fall gewesen sein. Vgl. Karte 2 (Auslaut), wo man sieht, wie etwa bei SEX als Nachfolger von *-Z* das *-š* und das *-k* einander im Westlomb. ablösen, lauter Abstützungen des auslautenden Langvokals. Vgl. ebenso G. Francescato, *Il sistema dei suoni sibilanti nel dominio friulano*, in: *RLiR 26* (1962) 51 ff.

ausholende Degeminierung mit der Verlagerung der konsonantischen Quantität in die Qualität, bei der die Vokale Stütze gaben, ließ den Weg zur Oxytonie frei, bedingte aber auch fast verdoppeltes Vokalinventar durch den damit neugeschaffenen Stellenwert der Vokale (Umlaut, Metathese bzw. Diphthongierung sind Wege). Von den vlat. vier Auslautvokalen -I, -E, -A, -O fiel im Zlad. das -O, wo es konkomitant schon kompensiert war (mar. *dío* < DIU, DEU, bad. *dī*; dgl. *prę/prę* < PRATU etc.); das -I war zu -*y* oder zu -*ę*, -*i*- geworden, je nach Stellungswert, weshalb auch diese Resultate Stellungsbeschränkungen aufweisen. Das -*E* kommt nur im Inlaut vor als -*ə*- (-*əZ*, -*a*≠), das -*A* allein ist stabil als -*a*, -*α* oder -*əΠ*.

Die Palatalschübe scheinen, soviel wir diesem begrenzten Blickfeld entnehmen können, aus der syntagmatischen wie auch aus der paradigmatischen Grenzzone zwischen Vokalen und Konsonanten zu kommen, also sowohl von den Morphemfugen einerseits wie von den Minimalwerten in der einen umfassenden Phonemstruktur von Vokalen und Konsonanten auszugehen. Dafür sprechen nämlich die Stellungsmöglichkeiten der verschiedenen Palatale:

1. Konsonanten (*č, ǧ, ñ, y*) im Silbenanlaut und im Wortauslaut, d. h. nach der Silbenfuge und vor der Wortfuge, etwa: *čaŋ, ǧuláŋ, ñü, yáde – fanč, mānč, zëñ, tāy* (z. T. umgedeutet *ǧ – ñ – y*) – *mán* ≠ *ča, lar* ≠ *ǧę, lë* ≠ *ña, pa* ≠ *yáŋ, per* ≠ *yę̈* etc.
2. Vokale (*ëi, ęu, ü* etc.) im Auslaut von Starktonsilben und im Inlaut von Oxytona, d. h. vor der Silbenfuge und vor der Wortfuge, etwa: *rëi, grǫ́i, sö, rü – pëis, čavëis, kǒye, [läiŋga, mäindər]* = *lëi* ≠ *ŋa, mëi* ≠ *ner, nę́u* ≠ *ra, šṻ* ≠ *ra* u. a.

Palatalkonsonanten bleiben – in der Nachfolge alter Gruppen vom Typ ≠PR – RP≠ wie ≠*ky* – *yk*≠ – immer auf eine Silbe beschränkt gegenüber Geminaten und S-Folgen, schränken also im Gefüge die starken Vokale nicht grundsätzlich ein. Zunahme an palataler Konsonanz bedeutet also *freiere Verfügbarkeit* von Vokalstrukturen in einem Sprachstand. Palatalvokale, im Gadertal einmal als volle mittelgaumige Serie und in der Nachfolge von Diphthongen ausgebildet, rücken den Umlaut und Gruppenbildung mit Palatalvokal in enge Parallele. Das *u* erreicht etwa als *u* > *ū* > *úu* > *ui* > *ü* dasselbe Resultat wie als *u* bei *i* (*i* ≠ *ú*, *úi*) und ist als alte Länge bzw. Gruppe auf diese Weise neuerdings leistungsfähig geworden als *ṻ*. Ähnlich ermöglicht das *ë* aus *éi* und *ié* ein Ausweichen zu vorderen oder hinteren Vokalen wie auch in die Quantität (*e – a – o*, vgl. *žënt* < GENTE im Obad. *žant*, ubad. *žänt*, mar. *žǫnt*), ebenso *ë* bei *i* > *ę*, bei *u* > *ǫ*. Die Palatalvokale dienten also bei mehrfach wiederholten Längungs- oder besser Intensivierungsschüben (vgl. Gruppen) als sehr nützliche »Weichen« der Paradigmen.

Die Palatalkonsonanten (vom -*y* oder der Aspiration her) nützen den Artikulationsgegensatz zwischen explosivem und implosivem Verschluß, der die kräftige Reduktion schwachtoniger Auslautvokale zum Teil kompensieren muß. So ist etwa Konsonant + Palatal im Verband mit der Intonation ein klares Grenzsignal (*dërčĦ*, aber: *ľ dar' čę̆*; *pür'čáŋ* oder *pŭre čàŋ*, aber *sŭrč*). Die Palatalkonsonanz hat also vorwiegend syntagmatische Funktion, zumindest seit der vordringenden Oxytonie.

Wir wollen das Kapitel der Palatale nicht abschließen ohne eine Rechtfertigung der absichtlich öfters von Vokalphonemen zu Konsonanten hin- und herwechselnden Betrachtungsweise[66]. Da die Palatale durchwegs Umdeutungen von Phonemfolgen ihre Entstehung und Leistung verdanken, nämlich die Palatalkonsonanten als (kons.-vok.) Phonemfolge → Gefüge → Phonem ($\neq$ TI $\neq$ A > *tya* > *č*[*a*]), die Palatalvokale als (vok.-kons.) Phonemfolge → Gruppe → Phonem ($\bar{a} \neq$ → $\bar{a}y$ → $\acute{a}i$ → *ę*), kann man wohl kaum umhin, abwechselnd von den beiden kontrastierenden Phonemklassen aus derartige Umstrukturierungen zu beleuchten. Wie eng hier die beiden Kontrastklassen verknüpft sind, geht auch aus einer Beobachtung hervor, die in die Vokalreduktion hineinspielt:

Das lat. -ELLU ~ -ELLA zeigt im kurzen Tonvokal keinen Unterschied. Der Auslautreduktion geht nun eine vorerst konkomitante Kompensierung voraus, wie ein Vergleich belegt:

		ital.	V. Verzasca	Roncone	mar.	bad.
-ELLA	*è*	*bęlla* :	(*ę*) *bęla*	-*ęla*	*bęla*	*bęla*
-ELLE	*sonǫ*	*bęlle* :	(*ę*) *bęl*	-*ęlę*	*bęles*	*bęles*
-ELLU	*è*	*bęllo* :	*ę bęl*	(*ę*) -*ęl*	(*ę*) *bę̄l*	(*ę*) *bę̄l*
-ELLI	*sonǫ*	*bęlli* :	*ę bęl*	(*ę*) -*ę́i*	(*ę*) *bī̆*	(*ę*) *bī̆*

Im Plur. mask. steht nun bad. *bī̆Ħ* neben *bi#* oder älter *bę́iy* neben *bę̀i*(*#*), die mit *bęl* und *bęla* zu verbinden sind wie etwa: *sę̆č – sę̈k – sę̈čа* < SICCA. Da ungedeckt im Nachton nur ein Vokal blieb, ist fem. Sg. *sę̈čа* = *sę̈ka* oder *sę̈čα*, ebenso fem. Plur. *sę̈čеs* = *sę̈kas* oder *sę̈čαs* (*sę̈čα#* = *sę̈čαsĦ*). Analog nun ist mask. Sg. *sę̈k* = *sę̈k#*, weil *sę̈kĦ* gleich *së#* (also *sëi*) wäre: SI(C)#CA > *sé#ka*, SI(C)#CU > *sik* (Umlaut), *sę̄k*, *sékᵘ* ... Im Plur. mask. impliziert das -*č* einen Minimalvokal im Auslaut, der aber von -α verschieden sein muß, denn -*č* ist invariabel vor # wie vor Ħ[67]. Bei -ACA, -ACU etc. liegen die entsprechenden Merkmale aber häufiger in den Vokalen: mar. LACU > *lę* > *lę̄s – bráia* als *lę#* = *lę̄Ħ*, *lę̄Z#* = *lę̄sĦ*, *brā#yα* = *brái#α*. Die Kennzeichen verlagern sich offensichtlich je nach Bedarf von einer Klasse in die andere und von einem Paradigma ins andere.

---

[66] H. Weinrich schreibt in den *Phonologischen Studien*, 190:»Die Zusammenhänge zwischen Tonvokal, Nachtonkonsonanz und Ultima-Vokal sind noch so wenig erforscht, daß sich ... nichts Endgültiges sagen läßt« (scil. zum Zusammenhang von Oxytonierung und Vokaldifferenzierung). Das liegt an der Trennung von Phonem- und Gruppierungskategorien (etwa: Vokal/Konsonant), von denen er sich erfolgreich freizumachen versucht und eine Reihe sehr überzeugender Einsichten gewinnt.

[67] Vgl. *ľatra – laĦ/ľ#* und nach schwachem Vokal *būr'tëmp – rtĦ/r#*; ähnlich bad. *lę̄k* < LACU – *lę̄č – brāya* < BRACA.

	Plur.	+I-E	+A	+O-U	y/s
ΠQU-	(č)	k	k	k	(či < QUE)
Kons. ≠QU-	č	–	–	k	činč (QUINQUE-I)
Vok. ≠QU-	–	–	g	-k	
Kons. ≠GU-	č	–	g/Ø	-k	lunč (LONGU-I)
K-	(tl)	č	č	k-	(tlẹ̄r < CLARU)
Kons. ≠K-	-č(-š)	č	č	-k(č)	špurč (SPURC-I)
-KK-	-č	č	č	-k	čüč (TSUKK-I)
Vok. ≠K-	-č/š	ž	y	-Ø/k	füč < FOC-I/lüš < LOC-I/S
T-	(č)	t	t	t-	(čántia/čánča < CANTICA)
Kons. ≠T-	č (š/ʒ)	t	t	-t	ẹ̄rč < ART-I
-TT-	č (/č/ʒ)	t	t	-t	düč < TUTT-I
Vok. ≠T-	-i̯/s(ʒ/ž)	d	d	-Ø	prā (prẹs) < PRATI/S
P-	p	p	p	p-	pię < PILEARE
Kons. ≠P-	p(+š)	p	p	-p	kōrp(ẹš) < CORP-I
-PP-	p(+s)/č	p	p	-p	tröč < TROPP-I/S
Vok. ≠P-	-s	v	Ø/v	-Ø	lüs < LUP-S
S-	s	s/z	s	s-	siëya < SECAT
Kons. ≠S-	š	š	s	-ʒ/s	mar. mẹŋš < MENS-I
-SS-	š	š	s	-s	bās̄ < BASS-I
Vok. ≠S-	š	ž	z	-s	nẹ̄š < NAS-I
N-	(ñ)	n	n	n-	((vẹ)ñí < VENIRE)
Kons. ≠N-	ñ	n	n	n/Ø	kōrñ < CORN-I
-NN-	ñ	n	n	-n/ñ	āñ < ANN-I
Vok. ≠N-	ŋZ	n	n	-ŋ	maŋs < MAN-S
L-	l	l	l	l-	liáŋ < LIGAMEN
Kons. ≠L-	-li	l	l	l(ə)	(ůrli, zu urlo)
-LL-	-i	r	r/l	l	ğāi < GALL-I
Vok. ≠L-	-i̯/s	r	r	Ø	pa < PAL-I

HOMOPHONE IM GEFÜGE

Sprachliche Zeichen, die nach ihrer Lautgestalt nicht zu unterscheiden sind, nennen wir homophon[68], gleichklingend. Es kann sich dabei um einfache Laute oder Silben, um Morpheme oder Signifikanten handeln. Sprachlaute und nicht hochtonige Silben können »gleich« gehört werden,

---

[68] Wir verwenden das Wort in anderer Bedeutung als etwa H. Weinrich in seinen *Phonologischen Studien*.

Belege

I-E	A	O-U
ki < QUI	kal < QUALE	kọ < QUO(MODO)
		iŋkő < IN HOC HODIE
	ę̄ga < AQUA	(kő̄k < COQUU)
	lëiŋ(g)a < LINGUA	saŋk < SANGUE
čīl < CAELU	čę̄r < CARU	kü < CULU
porčę́l < PORCELLU	marčę́ < MERCATU	áuk, alkúŋ < AVICU-ONE,
kő̄čę < COCCINU	sičę́ < SICCARE	sāk < SACCU (sű̄č < SULCU)
āžę̄ < ACIDU	brāya < BRACA	máne < MANICU / lę̄k < LACU
ti < TE	tę < TALE	tö < TU
kọrtę́l < CULTELLU	altę́ < ALTARE	ālt < ALTU
sotí < SUBTILE	ğāta < GATTA	ğāt < GATTU
čadíŋ < CATINU	sëda < SETA	prę (prę) < PRATU
pëiŋk < PIGNU	paŋ < PANE	pul < PULLU
tampię́ < TEMPICARE	šampę́ < EXCAMPARE	tëmp < TEMPU
tsapíŋ < *ZAPP-INU	štọpáč < STUPP-ACEU	tlap < *CLAPPU
savëi < SAPERE	rę̄s < RAPAS, ruvé < RIPARE	saú < SAPORE
(de)zën < (DE)SIGNU	sarę́ < SALARE	sö < SU(R)SU
iŋšő̄ zu INSIC	palsę́ < PAUSARE	laúrʒ < URSU
višīa < VESSICA	mása < MASSA	rọs < RUSSU
suŋžíŋ < *SUSINU	čāza < CASA	mūs < *MUSU
paníča < PAN-ICIA	čanę̄ < CANALE	nü < NOVU
čę́rnę < CERNERE	tọ́rna < TORNAT	fūr(n) < FURNU
baní zu BANN	danę́ < DAMNATU	dā(i)n < DAMNU
anę́l < ANELLU	lāna < LANA	čaŋ < CANE
lī(žę) < LEGERE	lę̄re < LATRO	lüm < LUMEN
(védli < VECULI)	bradlę́ < BRAGULARE	trādl(ə) < TRACULU
ğarína < GALLINA	čāra < CALLAT (ëla < ILLA)	ğāl < GALLU
moríŋ < MOLINU	āra < ALA	sú < SOLU

auch wenn Unterschiede auftreten, die durchaus die Hörgrenze überschreiten. Wir sprechen dann von Varianten, die konditioniert sind (ital. *sebbene* – *bene*, *il* primo – *l'*altro) oder aber – stilbestimmend wie in der Umgangssprache bei südital. *probbabile* für *probabile* oder lomb. *nébia*, *dür(o)* für *nebbia*, *duro* – frei und daher expressiv verwendet werden. Auch die gebundenen Morpheme unterliegen dieser Regelung, und zwar Suffixe wie Präfixe und Klitika überhaupt. Ein ital. *pisolino* 'Schläfchen' und *orecchino* 'Ohrring' teilen *-ino* und die diminutiv-affektive Bedeutungseinschränkung des Grundwortes, was man von *catino* 'Becken' oder *repentino* 'plötzlich' nicht behaupten kann. Das Diminutivmorphem *-ino* hat also gleichlautende Phonemfolgen neben sich, die aber eine andere Leistung aufweisen. Es stellt sich damit die Frage, wodurch Homophone in den verschiedenen Sprachebenen, in denen sie auftreten, dennoch zu verschiedener Leistung befähigt sein können, wenn sie die auditiven Merkmale teilen und doch in der Leistung differieren.

Der häufigste Fall homophoner Zeichen ist wohl die Homonymie, die man im Gefolge J. Gilliérons vielleicht nur allzu gerne als tödliche Krankheit[69] von Benennungen gesehen hat. Wenn die Begriffe sich nicht sehr nahestehen und Mißverständnisse auf der Hand liegen, stören einige sog. Homonyme in einer Sprache kaum. Gehören sie verschiedenen Wortklassen an, so sind Kollisionen extrem selten: frz. *vert* 'grün' und *verre* 'Glas' lauten zwar gleich, werden aber als Adjektiv bzw. Substantiv ganz verschiedene Frequenzwerte selbst in den Stellungen zeigen, die sie grundsätzlich noch gemeinsam haben. In frz. *le verre vert* liegt etwa eine ganz geläufige Wortfügung vor, in *le vert-verre* (Typ *vert-bouteille* 'flaschengrün') aber keineswegs – das beweisen auch die in Bauerndialekten meist unbekannten Farbabstrakta vom Typ *verdeur*. Nimmt man frz. *vers* 'Vers' und *vers* 'gegen', so schließt die Stellung eine mehrdeutige Beziehung aus, weil Substantiv und Präposition allzu verschiedene Wortarten sind.

Im Gefolge alter, lange Zeit hindurch unveränderter Wortstellung kann diese nun im Signifikanten einen Niederschlag finden, der von der Intonationsgrundlage ausgeht. Satzteile haben je nach Intonationsschema, Stellung und expressiver Reliefgebung verschiedene Intonationsstärken. Diese äußern sich manchmal gegen Bedeutungsmotivierung und -zusammenhang in einer Wortsippe und auch gegen den Formenausgleich. Im Badiot gilt allgem. *búŋ*, aber *bON* im Vorton, d.h. prädikativ die hochtonige Wortform: (*l'pàŋ ę*) *búŋ*, attributiv aber: *l' bòm páŋ*.

Uns interessiert in diesem Zusammenhang nicht so sehr die Neutralisierung *-ŋ* als *m≠p-*, also *N≠p*, sondern die Neutralisierung im Silbengipfel, die im Mar. deutlicher wird: *búŋ*, aber *bOndé* 'Guten Tag!' im Vorton wie fem. *bóna*. Im Badiot fallen nämlich vortoniges *ǫ* und *u* zusammen im *u*. Die Adjektivdifferenzierung durch Intonation liegt ja sehr deutlich auch im Sursilvan Graubündens unter dem Deckmantel des erhaltenen *-s* im prädikativen Gebrauch (etwa in den Formen obw. *bien di*, aber: *il paun ei buns*) zutage; auch im afrz. Alexius: *Boens* (fut li siecles . . .) neben *bons* mögen ähnlich differenzierte Intonationsweisen noch nicht ausgeglichen sein.

Die Ausprägung der Wortstellung nach den Schwerpunkten ihrer Frequenz kann zu Dehnungen bzw. Reduktionen (Neutralisierungen) füh-

---

[69] Vgl. E. Gamillscheg, *Die Sprachgeographie*, Bielefeld 1928, S. 34: »Verwechselt werden aber nur Ausdrücke, die neben dem Gleichklang den gleichen Wortklassen angehören, daher in den gleichen syntaktischen Verbindungen gebraucht, in der gleichen Intonationsform verwendet werden.«

ren, in denen durch Intonation Varianten phonologisiert werden. Bei den Nachfolgern der alten Demonstrativpronomina ist dies besonders deutlich, wie an anderer Stelle dargelegt wird. Wir wollen aber festhalten, daß Wortstellung, Intonationsstärke und sogar relevante Lautgestalt wenigstens konkomitant als Träger einer sprachlichen Leistung verknüpft sind, etwa beim Adjektiv in prädikativem Gebrauch. Daraus ergibt sich aber auch, daß die Wortstellung allein – man denke heute an das Nominalobjekt im Frz. – und in der lebendigen, nicht verschrifteten Mitteilung die Intonation[70] diese Leistung sehr wohl zu tragen vermögen. Nachdem die Sprache primär auf hörbaren Zeichen und Merkmalen beruht, muß daher auch die Wortstellung hörbar sein. Der Stellungswert eines Satzgliedes ergibt sich nun auditiv im Hinblick auf Intonationsschwerpunkte, die je nach dem Intonationsschema einer Aussageart (Affirmation, Frage, Befehl . . .) eine ganz bestimmte Stelle im Satz behaupten. Von dieser aus zeichnet sich eine Staffelung ab, die man etwa im elliptischen Gebrauch beobachten kann:

It. 1. *La sera non viene mai a casa.* 'Abends kommt er nie heim.'
2. Ø -,,- -,,- -,,- -,,- Ø (er)→ -,,- -,,- -,,-
3.   -,,- -,,- -,,- Ø (er)→ -,,- -,,- Ø
4. Ø -,,- -,,- —
5. Ø -,,- Ø -,,-

Natürlich können Sprach- oder Situationskontext die Satzglieder anders staffeln, etwa auf das adverbiale »abends« hin, aber dann wäre zwischen vorwiegender, frequenzbestimmter Sprachnorm und expressiver Stilvariante zu unterscheiden.

Auch innerhalb eines Satzgliedes – es kann ein Nebensatz sein – gilt diese Staffelung, wie wiederum die sog. Ersparung zeigen mag:

Bad. (*I se da* oder *disc*) . . . '(Ich sage euch) . . .
1. *la buna sëra (a os).*   einen guten Abend.'
2. Ø -,,- -,,-   Ø -,,- -,,-
3. Ø -,,-   Ø -,,-

Wenn man nun auf syntagmatischer Ebene die sogenannten Homonyme durchmustert, so bleiben bei Berücksichtigung ihres jeweils realisierten Stellungswertes und/oder ihrer Intonationsebene nur mehr sehr wenige davon übrig. Es ist im Gadertal bezeichnend, daß bad. *ę* mit den Bedeutungen 'ist, sind; und; ja', die an der unteren Gader *ę – i – héi (póa)* gesprochen werden, keine Schwierigkeiten mit sich bringt. In der Intonation ist das Satzadverb hochtonig, das Auxiliar aber nebentonig (bis auf seltene Fügungen wie ubad. canch'al *è* [= *kankalę́*] 'dann', wo es

---

[70] A. V. Issačenko, *Der phonologische Status der Satzintonation.* In: *Phonologie der Gegenwart* S. 24–29.

Vollzeitwort ist) wie auch – vielleicht noch mehr im Schatten der Intonationsgipfel – die parataktische Konjunktion, eine Art herauskristallisierte Satzjunktur. Weiterhin betrifft die Kollision zwischen der 3. und 6. Person von 'sein' einmal alle Verba, und zwar in weiten Gebieten Oberitaliens, zum andern führt sie zu keiner Homonymie, weil teilgebundene Morpheme (Subjektsbezeichnung) und teilweise konkomitant auch Prädikatsnomen Singular und Plural trennen.

Klitika: Sg. *al(a) é,*   Inversion: *é-l(a)*;   *é bun, é bona*
       Pl. *ai é, ales é,*   -,,-   *é-s-i, é-les*;   *é bogn, é bones*

In der Graphie jedoch, wo man nicht nur Intonation, sondern auch relevante Quantitäten oder Reduktionen zu Lasten des Kontextes zu vernachlässigen pflegt, verdeutlicht das 'und' ein »*y*«. Der Satz:
(1) *ći ch'é bun, é bel y vëi* 'Was gut ist, ist schön und wahr'
     wäre als »*ći ch'e bun e bel e vëi*« auch ambivalent[71] als
(2)   -,,- -,,- *y* -,,-, -,,- oder als Nebensatz
(3) *(Dijede),*   -,,- -,,- *y* -,,- *y* -,,-, etwa als Objektssatz '(Sagt,) was gut, schön und wahr ist', zu lesen. Die Klammern, Pausen und damit die wichtigsten Intonationsgipfel müssen skizziert sein, um den Nebensatz als Subjektssatz (1), als erweiterten Subjektssatz (2) oder als Objektssatz (3) festzulegen, also die Beistriche als Intonationszeichen – oder aber die Konjunktion ET als Ideogramm (*y*), wie es derzeit in der Schulgraphie der Dolomitentäler überdies (konkomitant) üblich ist.

Syntagmatisch wird die Rede im Gadertal durch Pausen gegliedert, an die sich in jeweils artentsprechender Intonationsführung die Intonationsgipfel knüpfen. Im normalen Redeablauf sind also die Satzglieder nach Pausen und damit in Intonationsgruppen gegliedert. Die Intonationsgruppen werden im Schriftbild vorwiegend indirekt durch Minimalwerte und durch den Stellungswert von Morphemen im Paradigma, ihre Art ebenfalls durch gekoppelte Pause-Intonationszeichen festgehalten; im Redeablauf ist die Intonation selbst, in der gewöhnlich Atemdruck und Tonhöhe konkomitant zusammengehen, als wechselnde Sprechintensität gegenüber Intonationsgipfeln hörbar, auch wenn überdies verschiedene Paradigmen mit ihren Morphemen an der Kennzeichnung beteiligt sind. Wenn wir auf die zuvor genannten Beispiele zurückkommen, so können wir alle drei Morpheme verschiedenen Intonationsstufen zuteilen, die im Diasystem des Gadertales deutlicher werden. Sie liegen also einer reduktionsbedingten M o r p h e m v a r i a t i o n zugrunde. Man vergleiche:

      Hochton im Satz   *ẹ̄, ée* 'ja' (bad. *ẹ̄*, ubad. *hẹ́i*);
      Vorton im Satz   *é, è* 'ist, sind' (bad. *ę*, mar. *ę*);
      Nachton im Satz   *y* 'und' (bad. *ę*, mar. *i*).

---

[71] Jetzt ähnlich J. Lyons, *Introduction to Theoretical Linguistics*, Cambridge 1969, 212f.

– Das _ē_ 'ja' schwankt zwischen langem _ę̄_ und den phonologisch diesem entsprechenden Vokalgruppen (_ęę_, _éi_) wie starkes _é_ im hochtonigen Paradigma (mar. _véi_ < VERU, obad. _podę̄s_ neben _pudëis_ < POTETIS), kann auch als Satzadverb – und aus einer Ellipse (wohl aus ILLE EST > _éi(lę)_) entstanden – nur hochtonig sein.

– Das Auxiliar _é_ schwankt nur in der Qualität, die in den Gegebenheiten dem schwachen _ĕ_ wie in bad. _lęt_, mar. _lęt_ < LECTU entspricht. Es tritt im Prädikat gewöhnlich als vortonige Kopula auf (_al ę búŋ, al ę žŭ_), als Nebenton (_è-l véi?_) oder als Hochton im Nebensatz (häufig ubad. _Can ch'al é, tö vas_ . . ., mar. _Can ch'al è_ . . . 'dann'), ohne aber eine relevante Veränderung im Vokal zu zeigen.

– Das _y_ als beiordnende Konjunktion wird mit dem Bezugssegment an ein Satzglied angefügt, ermöglicht als minimales Morphem durch neuen Intonationseinsatz die Serienbildung. Es kann aber auch durch einfache Pausa ersetzt werden (_l pere y la uma y kël berba = l pere, la uma y kël berba_ 'der Vater, die Mutter und dieser Mann'). Dies legt weitgehende Reduktion nahe, und wir finden in der Tat dieselbe Streubreite zwischen Null und _ę_ bzw. _i_ etwa beim Verbum:

Bad.	Mar.	
ch'i ćiant_es_	ch'i ćiant_i_	'daß ich singe'
ch'al pals, palsse(_s_)	ch'al palss_i_	'daß er ruhe'
iö va_de_, vad', va . . .	iu vad_i_	'ich gehe'

Das bad. _-ę_ hängt von der Lautfolge ab und schwankt zwischen _i, ę, ə_ und _≠_, vgl. etwa _ʃadięs_ > _ʃadiəs_ > _ʃadīs_ etc.

Die _drei_ so herausgestellten Intonationsstufen sind im Satzglied nach Streubreite der morphemkonstituierenden Phoneme, nach Wortklasse und nach der Stellung zur Pausa klar zu scheiden. Wie bei den scheinbar homophonen _é_ liegen die Verhältnisse grundsätzlich auch bei _ël_ 'Mann', _al_ 'er' und _lə_ 'der', die in anderem Zusammenhang behandelt werden und die ebenso auf drei Intonationsstufen verweisen. Wieweit diese nach ihrer Normalfrequenz gestaffelt sind – in den Dolomiten dürften zwei nach den wichtigsten Intonationsarten überwiegen – ist erst zu klären. Wenn wir von den expressiven Gestaltungen absehen, die ihren Aussagewert ja erst im Abweichen von der Norm erhalten, ergeben sich als Intonationsarten sicher: ein Duktus für die Feststellung oder Behauptung, einer für die Frage und einer für offene Fügungen. Das legt die Wortstellung für den Fragesatz nahe, der wie der Behauptungssatz gerade und ungerade Wortfolge kennt:

Al vëgn incö.	'Er kommt heute.'
Incö vëgn-el.	'Heute kommt er.'
Vëgn-el incö?	'Kommt er heute?'
Incö vëgn-el?	'Heute kommt er?'

Für die Befehlsform legen uns durchwegs eigene, vom Indikativ verschiedene Morpheme in den Verbalformen wie *-únde*, *-éde* keinen eigenen unterscheidenden Intonationsduktus nahe. Wird dafür einmal ein abhängiger Modus verwendet, so stellt man eine offene, abhängige Fügung in den Behauptungsduktus (etwa: *che t'ais paziënza!* 'Hab Geduld!'). Frage und nichtschließende, inlautende Nebensätze scheinen einen verwandten Duktus zu haben, der nicht auf die Normalebene ausläuft; erst die Antwort oder das auslautende Satzglied in der Behauptung schließen die Intonationsgruppe.

Gerade die kurzen Signifikanten, die knapp an der Grenze zu den Phonemen liegenden, freien Morpheme zeigten die intonationsbedingte, syntagmatische Gliederung am deutlichsten. Abgesehen von besonderen und jedenfalls nicht vorherrschenden Arten des Duktus – etwa in der Aufzählung – liegt in der gewöhnlichen Feststellung (Behauptungssatz) der Intonationsgipfel auf dem letzten Satzglied der Aussage und in diesem Rahmen wiederum auf der Tonsilbe des letzten Signifikanten:

In dumàn vëgn-el (de sigü) ... *mi bun pére.*   ... *mi (vedl y) bun pére.*
     2   3   2   ...   1   3   2 # 2   1
'Morgen kommt (sicherlich) mein lieber Vater' ... (alter und) lieber
Dagegen: ... *vëgn-el.*   ...*pére.*   ... *de sigü.*
           1   3   1 3   (> Ø) 2   1

Haupt- und »vortoniger« Nebengipfel gleichen in dieser Intonationsart einer Klammer, in die sich Erweiterungen einschieben lassen wie Adverbialbestimmungen etc. Dasselbe gilt auch für endständige, auslautende Satzglieder, deren Intonationsgefälle in den Morphemen wir mit 1, 2 ... andeuteten. Ganz anders wird jedoch die Staffelung der Silben in einem hochtonigen Monem selbst, dessen Paradigma am breitesten und damit am klarsten differenziert sein dürfte. Das *pére* hat *fallende Wortbetonung* gegenüber der steigenden Intonation in der Behauptung.

In nominalen Signifikanten sind die Betonungstypen nach ihrer Frequenz etwa so gestaffelt:

     2   1   (bad. (*l'*) *ajëi* < ACETU; mar. *le fí* < ILLE FILU)
(4–3) 2   1 3   (bad. (*la*) *chirída* < *QUAERITA)

Als Reste verblieben:

(4–3) 2   3 1   (bad. *l(e) paraísc*, mar. *paráisc* < PARADISU)
3 1 (4) 2   (bad. (*la*) *fómena* < FEMINA, grödn. *fëna*;
3 1 (4) 2   bad. *la dlíjia*, mar. auch *dlïja*).

In Verbalformen gilt für das Präs. der häufigsten und stärksten Klasse (-ARE):   2 1 3 (bad. *i fír(e)* < FILO 1.–3., 6. Pers.,
         3 2 1 oder 2 3 1 (bad. *i firún* zu FILAMUS) 4., 5. Pers.

Damit sind auch wenigstens drei Betonungsstufen für die Silben gegeben,

die aber nicht ohne Einschränkung als Stellungstypen kombiniert werden
können. So fehlt gleich schon Stufe 2 im Auslaut, der bis auf spärliche
Reste (Proparoxytona) nur stark (Oxytona) oder schwach (Paroxytona)
sein kann.

Für den Anlaut läßt sich keine Regelung erkennen, wohl aber für den
Inlaut, der von den umgebenden starktonigen Silben abhängt, also regressiv bestimmt wird.

Für Inlautsilben kommen als Typen in Frage:

Starkton   1 vor 3 (*mëda* < AMITA, *pŭde* < PUDICU, *pūre* < PAUPERU);
            [1 vor 2 (*áje* – *áji* < ACIDU, Kampill *péri* < PATRES)];
            [2 vor 3 (≠) (*mẹsalŭna* < MEDIA LUNA, *sọmenè* < SEMINARE)];
Schwachton 2 vor 1 (*orëi* < VOLERE, *firé* < FILARE);
Vokalrest   3 vor 2 (*mántia* zu MANICA, *nétura* < NOCTULA).

Davon ist 2 vor 3 nur Intonationsvariante von 1 vor 3, wenn man von
den wenigen proparoxytonen Resten im Betonungssytem[72] absieht; ebenso ist 1 vor 2 entweder als Atavismus oder als noch nicht angepaßte Ent-
lehnung zu bewerten, wie gewöhnlich kleinräumige Geltung dieser Formen verrät.

Die Typen 3 vor 2 und 2 vor 1 haben eines gemeinsam, nämlich die
Reduktion, die nach den Belegen schon weiter zurückreicht. Auflösung
des erstgenannten Typus zeigen etwa Kampill *mántia* > *mánča*, Gröden
fëmena > *fëna*, mar. *bélora* > bad. *belóra* < BELLULA etc. . . . Die Reduktion des Schwachtones geht andere Wege und ist derzeit bei der zunehmen-
den Entlastung der Stufe 2 angelangt, die das Paradigma um eine
Serie verengt. Das beweist der bad. Umlaut in diesem Paradigma, der
für *i* = *e* und *ü* = *u* eintritt, vgl. S. 57.

Kommen wir zurück zur Homophonie, von der wir ausgingen. Es bestehen strenggenommen nur Kollisionsmöglichkeiten zwischen Segmenten mit gleicher Wertigkeit im Gefüge und im gleichen Paradigma, wenn
wir von Zufälligkeiten absehen. Uns beschäftigten homophone Zeichen
im Hinblick auf deren Leistung: sog. Homonyme sind meist nicht ganz
gleichwertig, weichen im Satzgefüge wie auch in der paradigmatischen
Zuordnung voneinander ab. Diese Abweichungen sind zum Teil hörbar
im Kontrast zu anderen Segmenten, zum Teil werden sie von der Kom-
petenz her gewertet und eingestuft. Wenn man Rede beliebig zerteilt
und so erhaltene Segmente kommutiert, wird man kaum zu den ge-
wünschten Sprachstrukturen vordringen. Das mag ein letztes Beispiel
anschaulich machen.

---

[72] Vgl. K. Baldinger, *Structures et systèmes linguistiques*. In: *TraLiLi V, 1*
(1967) 123–139: ». . . le système phonologique ne profite pas de toutes
ses possibilités« (S. 124) ist hier sehr treffend, wie überhaupt die »détresse
phonologique« gerne überschätzt wird. Das auch für die Silbenfügung
geltende Kontrastprinzip erlaubt recht elastische Staffelungen.

Bad. *sant* < SANCTU, EXAMEN 'heilig; Bienenvolk' und *saŋk* < SANGUE sind im Lat. klar in drei Signifikanten geschieden, die nicht kommutieren. Im Badiot fallen gebietsweise SANCTU und EXAMEN zusammen, teils sind sie noch immer obad. als *sānt* ~ *sant* getrennt, aber nur im Hochton. Auf der zweiten Intonationsebene, im Vorton[73], kollidieren SANCTU und SANGUE als *saŋ*#, jedoch EXAMEN nicht: *Saŋ Linẹrt* 'St. Leonhard' – *saŋlašẹ* 'zur Ader lassen', aber *sant (d')ēs* 'Bienenvolk'; mit diesem wäre *San Dẹto* 'St. Benedikt' zu vergleichen, das auch – selten – als *Saŋ D.* zu hören ist. Echt ist also nur auf kleinem Gebiet der Zusammenstoß der beiden hochtonigen Substantive m. SANCTU und m. EXAMEN, der aber zu keinem Kollaps führt; gerade im kritischen Gebiet weicht EXAMEN aus in die Wortfügung: *sant* 'Heiliger' – *sant d'ēs* 'Bienenstock'. Im Hochton lag einst die Opposition im Vokalstand *-āNt* ~ *-áNne*; diese letztere Form, mit *-ANNU* und *-ANU* in Gegensatz geraten, weicht mit der ganzen Parallelgruppe aus, vgl. mar. *piŋk* < PINU und friaul. *omp* < HOMINE etc., das *-n* wird gestützt und es kommt zu *-aiⁿt* ~ *-aeⁿ(t)*. Im Vorton steht *sānt* neben *sãn*#, wenn man die Quantität aus NCT und dem gekürzten Proparoxytonon reduziert, und *-t* ~ *-*# kollidieren eben nicht. Fällt nämlich das *-t*, so kompensiert dies eine Ersatzdehnung (nach dem Muster *búrt = būr*#) als *sāN*, etwa *Sàŋ Adáŋ*; dagegen steht *sànt armeliŋ* 'kümmerliches Bienenvolk'. Die Opposition *-ŋ* ~ *-nt* entspricht genau der von *paŋ* < PANE ~ *(d)ant* < DEABANTE, und starker ~ schwacher Vokal unterscheiden sich auch im Vorton noch irgendwie (*ćianè* < CANALE, *ćiantè* < CANTARE). SANGUE, das regulär zu *saŋk* wird, betrifft jedoch die Reduktion im Vorton, weil *sãNt* und *sãNk* dadurch zu *saŋ*# werden müssen. Aber dennoch unterbindet das hochtonige Bestimmungswort in den möglichen Wortbildungen Homonymie, und der Sprecher empfindet die Morpheme nicht als identisch – wohl wegen der unterschiedlichen Kombinatorik und der damit verbundenen Assoziationen.

Wie hier Hoch- und Vorton dasselbe Wort in verschiedene Intonationsebenen einbauen, die zueinander in *Kontrast* stehen, so fügen In- und Auslaut dieselben Sprechlaute in verschiedene Paradigmen ein, werten sie in der Stellung nach Schwachton oder Starkton unter Umständen als ganz verschiedene Phoneme:

Hochton	*sānt* < SANCTU	*sāŋk* < SANGUE	*ram* < ANIMU	mar. *ram* < RAMU
Vorton	*saN*	*saN*	*raN*	*raN (bušínes)*

In der Wortphonologie entsprechen diesen Stufen nach dem Starkton:

1. *ān* < ANNU   *āñ* < ANNI   *paŋ* < PANE   *faŋ* < FAME

---

[73] Vgl. H. Kuen, *Beobachtungen an einem kranken Wort.* In: *Fs. E. Tappolet,* Basel 1935, S. 207 Anm.: »Sowohl im Gadertal wie auch in Gröden ist *daŋ* die proklitische Nebenform von *dant*.«

2. *komána* < COMMANDAT *śtáña* < STAGNAT *lāna* < LANA *rāma* zu RAMU
und vor dem Starkton
3. *l'ampasę* <   *saⁱndís* <   *panāda* <   *amarę* zu
   ANNU PASSATU   *SANCTI DIES   PANATA ·   MALE HABITU

Das ergibt als Schema:

1. $\bar{a} - n$ $\bar{a} - \tilde{n}(\partial)$ $\acute{a} - \eta$ $\acute{a} - \eta$
2. $\acute{a} - n$- $\acute{a} - \tilde{n}$- $\bar{a} - n$- $\bar{a} - m$-
3. $a - N\#$ $\acute{a}i - N\#$ $a - n$- $a - m$-

Die drei Betonungsebenen sind doch recht verschieden in den Vokalen
und Konsonanten ausgeprägt. Die ersten zwei (1., 2.) gehen in der Intonation mit dem Hochton zusammen, die dritte aber mit dem Vorton.
Für die Kommutation ergibt sich daraus einmal, daß nur Segmente derselben Betonungsebene vertauscht werden dürfen, zum andern, daß diese
Segmente nicht beliebig aus den recht komplexen Zuordnungen heraus-
gelöst werden dürfen, die gerade die Auflösung alter Gruppen und die
Wortkürzung in diesem Sprachstand funktional als Gefüge, als Leistungs-
einheit auswerten.

DAS PARADIGMA IM SPRACHRAUM

Das einzelne Paradigma, das ja, wie wir gesehen haben, selbst geschichtet
erscheint, muß folgerichtig je nach seiner Lage im Sprachraum den
Funktionsschwerpunkt verlagern, um veränderten Zuordnungen genügen
zu können. Wir greifen ein archaisches Paradigma heraus, die Vokale in
Paroxytona vor Nasal, und halten uns an die üblichen impressionistischen
Notierungen des *AIS*[74].
Die Grundlage für dieses Vokalparadigma ergeben die Wörter *gallina*
K. 1122, *cena* K. 1031, *lana* K. 1077, *buona* K. 710 und *luna* K. 361, die
wir ergänzen mit *cucina* K. 942 und *corona* K. 801, 793. Zu den Tonvokalen
vor -NA stellen wir auch *cagna* K. 1098, das in Vokal oder Konsonant eine
Opposition halten muß, wenn nicht -NA und -NEA zusammenfallen sol-
len.

---

[74] Meine eigenen Aufnahmen (seit 1964) weichen in Judikarien zum Teil
ab von den Notierungen im *AIS*. Es haben sich dort die Grenzen durch
neue Verbindungen mit Trient etwas verschoben – und das Sujet war eine
Frau: Wegen der Saisonarbeit ganzer Gruppen von Männern sind dort
diese sprachlich konservativ, nicht die Frau wie etwa in den Dolomiten.
Es wäre kaum sinnvoll, die zeitlich homogenen *AIS*-Resultate mit heutigen Ergebnissen zusammenzustellen. Das »K.« meint hier »Karte«.

Nasale als Fügung

Belegorte nach AIS	Monasterolo 247	Moia (Albosaggia) 227	Fontanedo (Roncone) 340	Faver 332	Vicenza 363	Zuel (Cortina) 316	Forni Avoltri 318	S. Vigilio (Curt) 305	Colfosco 314	Castel Fondo 311	Sta. Maria 29	Zernez 19	Latsch (Bergün) 27
Punkt:	247	227	340	332	363	316	318	305	314	311	29	19	27
I + NU	ĩO	ĩO	ĩn	ĩn	iŋ	iŋ	iŋ	iŋ	iŋ	in	in	in	eŋa
E + NU	ẹ̃O	ẹ̃O	ẹ̃n	ẽñ	(y)eŋ	eŋ	eŋ	eŋ	añ	ẽ̄n	äñ	äñ	eŋ
A + NU	ã̄O	ã̄O	ãn	ã̃ñ	aŋ	aŋ	aŋ	aŋ	aŋ	añ	áun	aŋ	aŋ
O + NU	ĩO	uO	õn	ọ̃n	oŋ	oŋ	oŋ	uŋ	oŋ	õn	un	un	uŋ
-U + NU	üO	üŋ	ũn	ũn	ũno	uŋ	uŋ	öŋ	uŋ	ũn	ün	ün	uŋ
IG + NU	ẽñ	ẽñ	ẽñ	ã̄n	eño	eñ	eñ	eŋ	añ	eñ	eñ	äñ	eñ
-A + NNU	an	an	an	ün	anọ	aŋ	an	an	ã̄n	an	ọn	ọn	eŋ
-U + NNU	ọ̈n	ün	ọn	ĩna	umọ	oŋ	ọm	ọn	ọn	ọn	ọn	úarn	úan
-I + NA	ĩna	ina	ina	ẹ̃na	ĩna	ĩna	ina	ina	ina	ĩna	ina	ĩna	eŋa
-E + NA	ẹ̃na	ẹ̃na	ẹ̃na	ã̄na	ena	ẽna	ẽna	ẽna	ana	ẽ̄na	éina	éina	eña
-A + NA	ã̄na	ã̄na	ã̄na	ọna	ana	ã̄na	ana	ana	ã̄na	ã̄na	áuna	ana	aŋa
-O + NA	ũna	ọna	õna	ũna	ọna	ọna	uéna	ọna	ọna	õna	una	una	uŋa
-U + NA	ũna	ũna	ũna	ã̃ña	una	una	una	öna	una	ũna	üna	ĩna	eña
-A + NEA	añã	añã	añã		aña	ã̄na	aña	ana	ã̄na	aña	ọ̃ña	ọña	ueña

Wie die folgende Zusammenstellung zeigt, kommen bei der Differenzierung vor allem Vokalphoneme in Betracht. Von den einst proparoxytonen Vergleichsformen (-NEA, 13) haben nur drei kein ñ (und kollidieren auch), von den paroxytonen 65 Formen haben nur fünf das -N- verändert[75]. So sind die 12 ñ bis auf Bergün nur bei -ANEA beteiligt, und da nicht durchgehend; die 3 ŋ in Bergün haben kein n neben sich, müssen also hier als Normalnasal gelten. Dafür treten 5 Vokalgruppen auf, 6 Vokale der mittelgaumigen Serie (ohne konkomitante Mittelgaumigkeit, etwa in Colf. ë, ü) und 35 gelängte Vokale, das sind 46 sicher veränderte Vokale von 78, und zwar ohne die Umstellungen. Diese Proportionen sind recht aufschlußreich, wenn wir uns an den Grundsatz erinnern, daß Lautsysteme proportional zu ihrer Belastung differenziert werden.

Im Paradigma Vokal + NA müssen alle betonten Vokale einst gelängt worden sein, auch wenn die einstigen Quantitäten heute zum Teil überdeckt sind. So weist in Bergün einmal $ę < $ U auf den Weg $ü > i > ę$, und wenn auch ñ und ŋ bei dem Schub Hilfestellung geleistet haben dürften, um Kollisionen mit altem i und e zu vermeiden, ging es doch nicht ohne Vokalquantität ab: $ę́ña$ kann $éiNa$ oder $ę́NNa$ sein, ist hier – vgl. -ANEA > $uéña$ – offenbar Variante von $-éina$. Ähnliches gilt für St. Vigil/Enneberg, wo $kę́tšǫ < $ COCCINU, bad. $kö́tšę$ einen Schub $ö > ę$ belegt, der das ältere $ę < éi$ gegen a hin drängte. Für Castel Fondo im Nonsberg und Zuel/Cortina sind im paroxytonen Paradigma keine sicheren Quantitätsoppositionen vorhanden (Zuel: $tsę̄na < $ CENA $\sim pę́na < $ PINNA ?), soweit wir sehen. Das Friaulische ist bekannt wegen seiner Langvokale, Forni Avoltri bietet auch einen Diphthong als Gruppe. Das Venezianische[76] hält etwa in Vicenza viel weniger Langvokale als das Trentinische oder Ostlombardische. Nicht zu entscheiden ist der vokalische Quantitätswert für Faver und Monasterolo: Das erstere hat anscheinend die langen Vokale weitgehend verallgemeinert ($-āña$ ist eigentlich Überlänge, $-āiNa$ oder $-āNNa$) und zur Grundlage des Vokalsystems gemacht, das letztere verwendet sie wenigstens konkomitant zur Konsonantendifferenzierung ($-āNa$ gegen $-áNNa$). Das ñ muß in den beiden Sprachständen verschiedenwertig sein.

In den Paroxytona überrascht uns im Grunde diese Vielfalt von Differenzierungen, denn die betonten Silbengipfel sind scheinbar durch voll differenzierbare, intervokalische Folgekonsonanz wesentlich entlastet, hatten sie doch lediglich die Konsonantendegeminierung zu bewältigen und die entsprechende Eingliederung der Konsonantengruppen. Bei Nasalkonsonanten wirkt sich jedoch die intervokalische Stellung nicht

---

[75] Leider ist *cagna* nicht gerade ideal, da *cane* danebensteht und leicht ausgleicht oder den Lautstand ablenkt (wie allgemein bei Motion, Substantiva mit zweifachem Genus).

[76] *Venezianisch* entspricht hier Th. Gartners *Venedisch*, also ›Veneto (di terra ferma)‹ gegenüber dem ›veneziano‹ als *Stadtvenezianisch*.

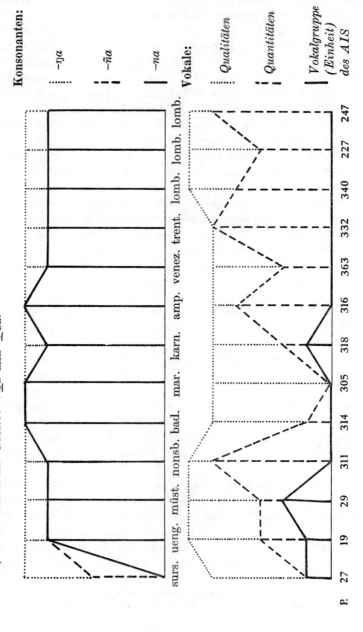

Phonemfügungen im Paradigma Vokal + NA (und Vok. + ANEA) auf rtr., venez. und lomb. Gebiet: -V́Ca und -V́Ca.

Konsonanten:

-ŋa ....

-ña – – –

-na ———

Vokale:

Qualitäten ....

Quantitäten – – –

Vokalgruppe (Einheit) des AIS ———

surs. ueng. müst. nonsb. bad. mar. karn. amp. venez. trent. lomb. lomb. lomb.

P: 27 19 29 311 314 305 318 316 363 332 340 227 247

76

aus, da die im Auslaut gefährdete Stimmhaftigkeit nicht zu den konstituierenden Merkmalen der Klasse K_3 (Nasale, Liquide) gehört. Es bleiben -*n*- und -*ñ*-, die aber in der Fügung nicht gleichwertig sein können[77]: In Sprachständen mit relevanter Quantität der Vokale gilt *ñ* nicht wie in Sprachständen mit Geminaten als Langkonsonanz, sondern als starker Konsonant gegenüber *n*. So sind etwa -*áña* und -*áina* gleichwertig, wie auch schwankende Transkriptionen bes. in Bergün nahelegen. In Sprachständen mit relevanter Konsonantenquantität jedoch ist *n* an vorangehenden langen Vokal gebunden, *ñ* an kurzen, man vergleiche nur etwa Monasterolo. Natürlich kennt das Lombardische keine Geminaten, aber die Konsonantenquantität kann ja auch in Gruppen oder Qualitäten noch ausgedrückt werden, wie uns dies analog vom Vokalbereich her durchaus geläufig ist. Wir haben also in den Paroxytona doch engere Zuordnungen und damit beschränktere Distribution, als man vielleicht annehmen möchte.

In Oxytona müssen neben der Geminatenreduktion und der Gruppeneinordnung der Konsonanten auch noch die Auslautbeschränkungen kompensiert werden. Wir geben das Paradigma nach dem *AIS* mit *lino* K. 1494, *fieno* K. 1396, *grano* K. 1441, *buono* K. 710, *uno* K. 284, die wir mit *pino* K. 573, 569 und *scalino* K. 873, *pieno* K. 1335, *cane* K. 1097 und *mano* K. 148, 149, *sapone* K. 1527 und *padrone* K. 1602 ergänzten. Dazu kommen als Vergleichsmöglichkeit mit anderen Paradigmen und als Beispiel für die Verlagerung alter Konsonantengruppen *legno* K. 541, für Geminaten *anno* K. 309 und *autunno* K. 313. Einige Wörter wurden in Ermangelung besserer, ungestörterer Entwicklungsträger herangezogen, da bei -*u* auch Umlauterscheinungen, die in manchen Tälern selbst heute noch nicht ausgeglichen sind, hereinspielen und für das oxytone Paradigma auch bedeutsam sind.

Eine alte, früher schwache Stellungsvariante wurde hier weitgehend phonologisiert und funktional belastet, nämlich das *ŋ*. Die Geminate -NNU scheint in Oberitalien gewöhnlich als -*n* auf, das im Venez. durch Vokal gedeckt wird. In unserem Gebiet zeigen Colfuschg, Zuel/Cortina und Faver verschiedenartige Ausgleichstendenzen entweder gegenüber dem Venez. oder interner Art (Formenbestand), die auf sprachliche Randgebiete hinweisen, nämlich Längungen: Zuel geht bis zur Kollision *aŋ*, Faver beinahe.

Bedeutsamer als das Eintreten von -*ŋ* für -*n*, das über Nasalierung zustande kommt und lediglich die Abbautendenz alter Nasalgruppen beweist, dürften Zuordnungen von Gruppenbildungen sein. So wird etwa die Geminate in -NNU vom einfachen Nasal in -NU und von der Gruppe in -GNU verschieden abgehoben. Vokalquantität, -qualität oder -gruppe

---

[77] Vgl. Frequenzwerte beim Ausgleich: *cagna*/*cane* ist bad. als *čan*/*čāna* ausgeglichen, dagegen hält *Guáña* < EPIPHANIA das *ñ*, ebenso mar. *Santa Bǫ́ña*.

oder auch das Gefüge beider können die differenzierende Leistung jeweils allein oder konkomitant im Verband mit einem relevanten Merkmal tragen. Diese Vielfalt läßt sich wohl nur als Typus auf Karten festhalten, wie Versuche sehr bald zeigen, weshalb wir auch für das Paradigma diese punktuelle, aber vergleichende Darstellung von 13 Sprachständen herausgreifen.

In den rätoromanischen Sprachständen kollidieren fast durchwegs -IGNU und -ENU, und zwar in einer wenigstens in zwei Schüben gedehnten Form (Degeminierung, Apokope): Bergün $ę > éi > ę, ēn > ē(n) > eŋ$; Sta. Maria, Castel Fondo und Zuel trennen zwar die beiden Resultate, aber eher dürftig. Ein $e \sim a$ vor $ñ$ entspricht $éi \sim ái$ vor -n, und in Diphthongen sind ja Vokalqualitäten stark reduziert; ein -$ęñ \sim$ -$ēn$ wird durch $éi \sim ē$ vor -n getrennt; ein -$eŋ \sim$ -$ęñ$ hätte im Gadertal Variantencharakter, steht aber hier wohl näher am venez. Paradigma (Vicenza) -$eŋ \sim$ -$ęño = $ -$ęno/$ -$ēn \sim$ -$ęño.$

Was die Vokalstruktur anbelangt, so tritt uns hier wiederum ein Beweis für oft zitierte Altertümlichkeit und Konservativität norditalienischer Sprachstände entgegen, allerdings nicht sosehr im Rätoromanischen oder auch Lombardischen als vielmehr im Grenzgebiet dieser beiden und im Venezianischen. In Paroxytona folgen auf Faver mit 6 langen Vokalen Castel Fondo und Monasterolo mit 5, Fontanedo mit 4, Moia mit 3, Vicenza – Colfuschg – Zernez mit 2, Forni Avoltri und Sta. Maria mit einem langen Vokal. Grundsätzlich gleich wie in Paroxytona, verschiebt sich das Bild ein wenig durch den jüngeren Querschnitt der Oxytona: Faver und Fontanedo 5 lange Vokale, Monasterolo 4, Moia 3, Castel Fondo 1 und Vicenza 1 (und 3 -o!). Das Gefälle der langen Vokale sieht nach *AIS*-Punkten so aus:

Paroxytona   332–247, 316, 311–340–227–363, 314, 19–318, 29
Oxytona (363)–332–340   –247–227–311

Demnach hat sich die Grenzzone seit dem Ausfall des -o, der die Oxytona heraushob, ein wenig gegen Fontanedo und von Monasterolo weg, aber stärker über Zuel und Castel Fondo hinaus gegen Vicenza verschoben.

Der Ausfall des unbetonten -o, der den Abbau einer beträchtlichen Zahl von Paroxytona – gewöhnlich Maskulina – mit sich bringt, muß vorbereitet und letztlich kompensiert worden sein durch Veränderungen im Tonvokal (Längung, Umlaut) oder neue Differenzierung der Auslautkonsonanz. So stehen in Oxytona ältere Typen neueren und komplexeren Gefügeoppositionen gegenüber:

-UNU:	u (363)	$ü$ (322)	$ǭ$ (340)	-$ŋ$ (227)	$[ā$ (247)
-UNNU	$ū$	$ṻ$	$ǫ$	-n	$an]$
-UNU:	$uŋ$ (318)	$öŋ$ (305)	$[añ$ (311)	$üin$ (19)	$ęñ$ (27)
-UNNU	$ǫm$	$ǫn$	$an]$	$úarn$	$úan$

auf rtr., venez. und lomb. Gebiet:

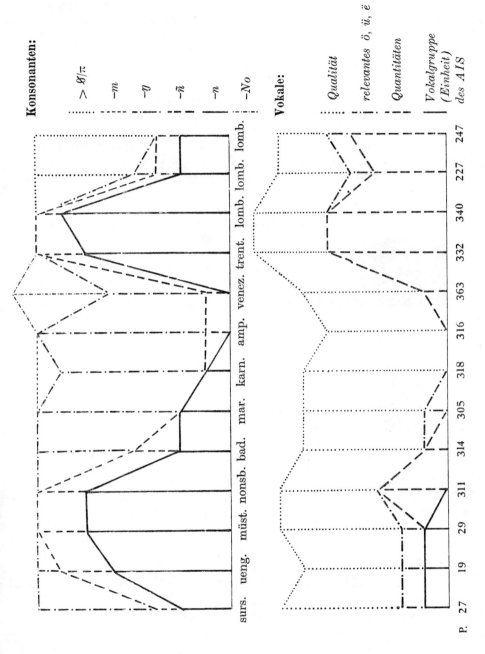

Konsonanten:

> ø/π
—m
—ŋ
—ñ
—n
-No

Vokale:

Qualität
relevantes ö, ü, ë
Quantitäten
Vokalgruppe
(Einheit)
des AIS

surs. ueng. müst. nonsb. bad. mar. karn. amp. venez. trent. lomb. lomb. lomb.

P. 27 19 29 311 314 305 318 316 363 332 340 227 247

In der ersten Gruppe sind einfache Oppositionen vorgegeben, die im Rahmen einer einzigen Phonemklasse bleiben, und zwar verlagern sie sich in dem bekannten Süd-Nord- und Ost-West-Gefälle von Vokalphonemen im Venezianischen (mit Trentinisch) auf Konsonantenwerte. Sehr viel komplexer stellen sich die leistungsadäquaten Oppositionen in den rätoromanischen Sprachständen dar. Hier sind jeweils ganze Gefüge beteiligt. Weder -ŋ ~ -m noch -ŋ ~ -n und schon gar nicht -n ~ -rn können Variantencharakter haben, wie mancher Sprecher von Nachbardialekten in Übertragung eigener gewohnter Lautstrukturen (etwa im Venez.) irrtümlich annehmen mochte. Wenn es vor m ein Inventar von 3 Tonvokalen, vor -n aber etwa eines mit 7 gibt, so kommutieren -m ~ -ŋ nur bedingt, nämlich im Rahmen der Vokalkongruenz.

In sprachlich archaischen Gebieten Norditaliens – wir meinen damit Sprachstände mit konservativer *tragender* Struktur, d. h. in unserem Falle vorwiegend mit konservativer Vokalstruktur – bestehen noch die langen Vokale in Paroxytona wie auch mit geringen Abstrichen in Oxytona. Im Venezianischen ist die Oxytonierung insbesondere in der Nachfolge alter Geminaten noch gar nicht erreicht. Zwischen den anscheinend gegensätzlichen oxytonen Paradigmen von Zuel-Cortina und Castel Fondo besteht die enge Parallele, daß beide fast ausschließlich noch die langen Vokale aufweisen, die aber in Fondo schon teils im Gefüge stehen (añ ~ an = ái ~ a), in Ampezzo dagegen durch Verlust der Opposition -ŋ ~ -n (also áin > aŋ < ān < áno) als Normalwerte eintreten.

Eine raschere und kräftigere Vokalentwicklung, die direkt mit entsprechend stärkerer funktionaler Belastung zusammenhängen muß, zeigen etwa dagegen Colfuschg mit ān < ANNU und die Bündner Dialekte mit -úa(r)n < -UNNU. Die einst gelängten Vokale in Oxytona kann man nur mehr sekundär erkennen in Vokalverschiebungen (-ęñ < -UNU) oder vor jungen Konsonanten (-aŋ < -ANU). Diese verstärkte Belastung ist auch erkennbar im Paradigma:

-UNU	Vicenza:	ūno ū	}		mar.:	ön, öŋ	ö + n	}		ö + ŋ
-UGNU		úño ñ	} + o			üŋ	ū (n)	} >		ü + ŋ
-UNNU		úno ú n	}			ǫn	ǫ + n	}		ǫ̆ + (ŋ)

Badiot paroxyton:				oxyton:			
-UN-	üna ü n			üm, uŋ ü m	}		u ŋ
-UGN-	üña ñ			üñ (ñ)	}		ñ
-UNN-	ǫna ǫ			ǫn ǫ n	}		ǫ (n)

Einerseits geht es bei gadertalischen Oxytona ohne Zuordnung nicht ab, die wir interpretieren müssen, andererseits geht die starke Belastung auch aus erstarrten Resten hervor, die mit ihrer geringen Frequenz das Paradigma »säumen«.

Die Zuordnungen sind im Mareo etwas anders als im Badiot gelagert, aber analog in der Leistung:

Badiot: Mareo:

m-	$\neq m$-	$-N \neq$	$-m\varPi$	$(-N\#)$	$\ldots$	$-m\varPi$
n-	$\neq n$-	$-N \neq$	$-\eta\varPi$	$(-N\#)$	$\ldots$	$-n\varPi$
$\tilde{n}$-	$\neq \tilde{n}$-	$-N \neq$	$-\tilde{n}\varPi$	$(-N\#)$	$\ldots$	$-\eta\varPi$

Nach der Silbenfuge und nach der Wortfuge zeigt sich dieselbe Struktur, nämlich starke, differenzierte Konsonanz. Vor der Silbenfuge ist die Artikulationsstelle des Nasals an den Folgelaut gebunden, also konkomitant auf dessen Unterscheidung und ohne besonderen Eigenwert (Nasal) angelegt. Nach konsequenter Oxytonierung muß nun diese Stellung unterschieden werden nach Satzinlaut oder -auslaut (vor $\#$ oder vor $\varPi$) bzw. Wortfuge vor Vokal oder vor Konsonant. Dazu müssen ganz offensichtlich auch die Vokale mit beitragen, und es kommt zu Kollisionen, wo die Paroxytona nicht Stütze geben (Ausgleich). Im Badiot tendiert das oxytone Paradigma auf den Ausgleich der Konsonanz hin wie auch im Mareo, aber auf verschiedene Weise: das $-\eta$ und das $-\tilde{n}$ sind ebenbürtig zu werten in der Fügung, aber nicht das $-n$; so kann entweder nach $-\textsc{m} > -m$, $-\tilde{n} > -n$, $-n$ mit starkem Vokal davor (bad.) oder aber nach $-\textsc{m} > -\eta$, $-\tilde{n} > -\eta$, $-n$ mit schwachem Vokal (mar.) ausgeglichen werden. Der Ansatz dazu liegt wohl in der Mehrwertigkeit einzelner Nasale, etwa bei $-m < \textsc{mm}$ und $\textsc{m}$, bei $-n < \textsc{nn}$ und $-\textsc{n} + \textsc{icu}$, $\textsc{acu}$ etc., bei $-\tilde{n} < \textsc{gn}$ und $\textsc{ny}$, bei $-\eta < \tilde{a}i$ oder $\tilde{a}$ etc.

Reste – aus der Nasalierungszeit noch erhalten – sind etwa bad. vortonig $a\eta f\bar{a}t < \textsc{unu facto} - ad\check{u}m < \textsc{ad unu} - int\acute{u}\eta < \textsc{intu unu}$ 'in einem, beieinander, beisammen'[78], in $fa\eta < \textsc{fame}$, $ra\eta < \textsc{ramu} - pa\eta < \textsc{pane}$, $ma\eta < \textsc{manu}$, in $z\ddot{e}\tilde{n}$, vortonig $za\eta < (\textsc{de}) \textsc{signu} - p\ddot{e}i\eta k < \textsc{pignu}$, mar. $vi\eta < \textsc{vinu} - pi\eta k < \textsc{pinu}$ u.a.

Gerade im Bereich der Nasale haben wir ein gutes Beispiel für Lösungsmöglichkeiten, die von recht bunter Differenzierung bis zur Kollision reichen und sich auch sporadisch nebeneinander anbahnten, um gewöhnlich zuletzt eine funktional mehr und mehr zu belasten und ökonomisch zu verallgemeinern. Dies besagt aber keineswegs, daß nun alle anderen Entwicklungsstränge restlos verschwinden. Die Sprache verfügt über mehrere Wege, Atavismen und Zeugen einer Entwicklungs-Sackgasse zu halten (Umdeutung, Lexikalisierung u.a.), und zwar in der Rede wie auch in Strukturen und Diasystemen. Ein mar. $ram < \textsc{animu}$ wäre aus dem Paradigma ($l'am > lam > r$-) schwer zu erklären, hat auch bad. $l'am$ noch neben sich ($l\ basta$-$l'am$ 'der Mut'), stammt aber offenbar aus Inlautfügungen wie $rir\acute{a}m < \textsc{reu} (\textsc{ille}) \textsc{animu}$ 'Krampfanfall', wo $-l$- $>$ $-r$- ($\textsc{illa} > $ mar. era) normal ist. Ein mar. $pi\eta k < \textsc{pinu}$ oder bad. $p\ddot{e}i\eta k < \textsc{pignu}$ läuft der normalen Entwicklung in buchenst. $pe\eta k < \textsc{pingue}$, mar. $fi\eta < \textsc{finu}$, bad. $l\ddot{e}in/l\ddot{e}\tilde{n} < \textsc{lignu}$ entgegen, stellt aber in Friaul die ge-

---

[78] Das ist ein *calque* auf dem dt. »gut beisammen«, süddt. »gut beieinander«, gewöhnlich als: $s\bar{a}n\ int\acute{u}\eta$, $mal\ int\acute{u}\eta$ 'gesund, kränklich'.

wöhnliche Lösung dar (*omp, zòvint, straŋk* etc.)[79]. Ein bad. *füm*, mar. *föm*
< FUMU, FUNE hat in Judikarien schöne Parallelen, und N > *-m* findet
sich in allen Grenzzonen des Ladinischen, Venezianischen und Lombardischen bis nach Istrien hinunter, wie der *AIS* (K. 873, 1494) zeigt.

Wenn man, wie es in der älteren historischen Sprachwissenschaft vorkam,
Fakten herausgriff, isoliert betrachtete und grundsätzlich der – sicherlich
aufschlußreichen – Ausnahme fast alle Aufmerksamkeit schenkte, so ging
man leicht in die Irre. Es entspräche nicht der Realität, wenn man etwa
das Furlan Friauls nur wegen der oben genannten Parallele von Epen-
thesen (*-m* > *-mp*, *-n* > *-nt*, *-ŋ* > *-ŋk*) eng mit dem Zlad. verknüpfen
wollte, auch wenn die damit gegebenen konsonantischen Auslautgruppen
im Venezianischen undenkbar sind: Nach den Frequenzwerten, die für
Furlan und Zlad. gegeben sind, erhalten wir für diese kleine Teilstruktur
eine Vergleichsbasis, die für das Venezianische hier fehlt. Aber die
Affinität ist nicht so ausgeprägt, weil es sich im Furlan um eine Norm,
im Gadertal jedoch nur um Randerscheinungen (im Paradigma wie in der
Talschaft, Mar.!) mit Indizwert handelt.

ZUSAMMENFASSUNG

Die Vertauschprobe oder Kommutation ergibt für Badiot, die rätoromanische Mundart des oberen Gadertales, ein Inventar von 20 Konsonanten, die zum Teil Stellungsbeschränkungen – etwa im Auslaut – aufzu-
weisen scheinen. Dazu kommt als Minimalwert die Pausa *Π*, der ein ent-
sprechendes virtuelles Vokalphonem # sehr nahe steht. Die Extreme
beider großen kontrastierenden Phonemklassen müssen auch minimalen
Kontrast aufweisen, der jedoch nicht durch Nullwert aufgehoben sein
kann, da sonst *Π* und # oppositiv würden und kommutieren müßten.
Erschwert wird die Analyse der Minimalwerte sowie der integrierbaren
affinen Grenzphoneme, nämlich der vokalnahen Konsonanten und der
sog. Halbvokale, durch Stellungsbeschränkungen. Diese resultieren aus
der Grundfunktion der beiden kontrastierenden Klassen, der Fugen-
bildung durch konsonantische Phoneme wie ebenso der Gipfelbildung
durch Vokalphoneme, und sie tendieren im Extremfall zu komplementärer Distribution, der mit dem Kontrastwert Null (Ø) erreicht wäre und
die Silbe zerbrechen muß. Phonologisch gesehen gibt es nur Anlaut und
Auslaut, denen *Π* und # entsprechen, aber keinen Inlaut, wenn man die
üblichen zwei kontrastiven Phonemklassen anzunehmen bereit ist.

---

[79] Vgl. G. Francescato, *Dialettologia friulana* S. 218.

Der Inlaut als syntagmatischer Begriff transzendiert die Silbe, wenn er auf fügende oder konsonantische Phoneme übertragen wird. Mit der im Silbenverband gegebenen Hierarchie – einer Art in die lineare Abfolge hineinprojizierter, deutlich gestaffelter Tonfüllegrade – wird eine Segmentierung des Syntagmas erreicht, die bei der Kommutation von Vokalphonemen zu berücksichtigen ist. Ein volles Inventar der Vokalphoneme darf nur im Hochton erwartet werden, der gegenläufig angelegte Intonations- und Betonungsstrukturen (d. h. progressiv offenen Satzton und regressiv offenen Wortbauplan) verbindet. Wir erhalten damit 9 elementare Vokale (in drei Serien und drei Schallfüllegraden), um die sich weitere Langvokale (vermutlich 5) und Vokalgruppen (bis 2 Diphthonge) legten.

Mit wenigstens 16 Vokalphonemen – davon 7 komplexen – wird die Entfaltung der Konsonanten wie auch deren Kombinatorik in der Silbe eingeschränkt. Da sich Gruppenphoneme nicht ohne weiteres in simultane Merkmalbündelungen einbetten lassen, wie gerade ihre besondere Kombinatorik – mit Rückkoppelungen wie Umlaut oder Ersatzdehnungen – und Distribution zeigen können, spüren wir lieber den Umrissen lat. Oppositionsstrukturen und deren Ergebnissen nach: Die beiden relevanten Wortklassen im Lateinischen, Paroxytona und Proparoxytona, hängen ebenso vom Nachtonvokal ab wie die beiden wichtigen Wortklassen im Rätoromanischen, Paroxytona und Oxytona, nur ist im Lat. die Vokalquantität der Pänultima, im Romanischen jedoch die Vokalqualität der Ultima ausschlaggebend. Derartige Wortklassen scheinen verschiedene Phoneminventare ausgebildet zu haben, die sich aber weitgehend überlagerten und decken; dennoch kann die typologisch-zeitliche Schichtung innerhalb eines Vokalparadigmas als Folge zweier Betonungsstrukturen im Zentralladinischen nicht übersehen werden. Durch die Überlagerung verschieden bedingter Vokalparadigmata ergeben sich so für die Vokale Stellenwerte je nach Silbenrang sowie nach den Nachbarphonemen, zu denen auch die Minimalphoneme Π und $\#$ zu zählen sind.

Eine distributive Analyse der Tonvokale nach Konsonantenfolge und Vokalauslaut bestätigt einerseits schon ermittelte Phonemstrukturen und ihre Funktionsklassen, erhellt andrerseits den Aufbau und die tiefergehende Schichtung der Vokalstruktur. Wir verwenden dafür die Fügungsprobe, bei der einzelnen Korrelationen im Diasystem – vorerst in der Zeit – nachgegangen wird. Degeminierung und Oxytonierung waren die Ursache kräftiger Schübe von Vokalintensivierung, die sich in Längung, Palatalisierungen oder Gruppenbildung auswirken als Folge zunehmender funktionaler Belastung. Vokalgruppen – und zwar Diphthonge wie Langvokale und auslautende Tonvokale – zeigen, daß Inventarerweiterungen dieser Art von Stellungsbeschränkungen gewöhnlich nicht zu trennen sind, also eher den Schwerpunkt innerhalb einer Sprachstruktur verlagern als sie absolut bereichern. Dies bedeutet aber, daß Silben und

Silbengefüge offene Strukturen sind, die Inventarveränderungen ausgleichen.

Die Bildung der Konsonantengruppen wird verständlicher, wenn man sieht, wie 20 Anlautkonsonanten 12 Auslautkonsonanten paradigmatisch gegenüberstehen, ergänzt durch 12 Anlautgruppen und 21 Auslautgruppen – wenn wir von II und den anders gearteten s-Gruppen absehen. Die Gruppen treten besonders in die Lücke, die durch Stellungsbeschränkungen im Auslaut auftreten mußte. Im bad. Syntagma spricht man jedoch besser nicht von Konsonantengruppen, wenn man unter einer Gruppe nämlich etwas anderes als lediglich eine summierende Folge von Segmenten sieht. Die einst zweiwertige Konsonanz – das gilt für Phonem und Gruppe – hat sich in konsonantische Qualität oder Vokalismus verlagert.

Die Verlagerung selbst kann man noch in Fügungen erkennen, d. h. in engen, einschränkenden Zuordnungen mit teilweise redundanten Segmenten: vad' = $váde$, $p\ddot{u}$ = $p\breve{u}k$, $sies$ = $s\tilde{\imath}s$ etc. Wenn man $\#$ bzw. II als Positionsvarianten annimmt, kann man diese Fälle einordnen. Man muß sich vielleicht die Frage stellen, ob nicht überhaupt Fügungen als einer Art heterogener Gruppen (aus kontrastiven Phonemen) mehr Aufmerksamkeit geschenkt werden sollte, und dies nicht nur bei diachroner Betrachtungsweise. Gerade der Sprachwandel läßt sich in die Synchronie einer funktionstüchtigen Struktur einbeziehen durch ambivalente Elemente, etwa durch Fügungen mit Grenz- oder Minimalphonemen: $\acute{e}i$ = ey, $\bar{a}$ = $a\#$.

In der Morphologie des Gadertalischen finden wir dagegen für eine Funktion gleich mehrere gleichwertige Morpheme, die teils obligat und einfach, teils redundant verwendet werden. In der Nominalflexion müßte eigentlich einfache Kennzeichnung, etwa durch Prädetermination wie bei $le \sim i$ ($c\ddot{u}f$) oder $la \sim les$ ($fal\check{c}$), genügen. Je nach Genus, Akzent- und Auslautstruktur des Nomens werden aber weitaus häufiger noch überdies postdeterminierende Morpheme wie $-\mathit{Z}$, $-i$ oder recht komplexe Umlautungen verwendet – Redundanz im Dienste des Sprachwandels, einer langsamen Umstrukturierung, die aber primär nicht äußere Einflüsse, sondern die sich durchsetzende Oxytonie verlangten. Übrigens bestätigen die Fügungsregeln der Pluralmorpheme wiederum die zuvor herausgearbeiteten Phonemstrukturen und ihre Schichtung – deutliche Spuren ihrer Ausbildung.

Einige schwierige Morphemfügungen werden gewöhnlich mit »Palatalisierungen« abgetan: Man kann zeigen, daß hier Umlaut, zunehmende Palatalkonsonanz und Diphthongierung die Folge einer einzieligen Entwicklung sein müssen. Das gilt auch für $-\mathrm{KA} > -\check{c}a$, das den letzten voll erhaltenen Nachtonvokal entlastet. Diese recht einschneidenden Veränderungen setzen in Morphemfugen ein und gehen von phonologischen Minimal- oder zumindest Grenzwerten aus. Erreicht wird durch Palatale vorwiegend eine günstigere Kombinatorik, da Stellungsbeschränkungen aufgehoben werden bzw. Abhängigkeitsrelationen fallen.

Auch auf der Ebene der Bedeutungsträger scheint es ambivalente Segmente zu geben, die Homophone. Wenn man jedoch den Kontext nach Wortstellung, Frequenz und Intonation einbezieht, so bleiben kaum mehrdeutige Wörter übrig. Die Satzintonation überlagert die Wortbetonung, die ihrerseits wieder ihren Niederschlag in der Silbenstruktur hinterlassen hat. Den drei Tongraden in der Intonation, durch deren Kombination Behauptung, Frage, Aufzählung etc. unterschieden werden, entsprechen drei Betonungsgrade, die vorwiegend phonologische Funktion haben (Stilvarianten, Grenzsignale, Kontaktgebärden etc.). Auf den Betonungsgraden bauen auch die beiden wichtigen Wortklassen auf, Paroxytona und Oxytona, und mit dem Vorton ergibt sich in der Kola nicht selten Dreierrhythmus, den im Monem nur mehr spärliche Reste behaupten. Der Satzton überlagert zwar den Wortakzent, er wird aber nur negativ relevant, nämlich als Ursache reduzierter Phonemstrukturen der Tonsilbe im Neben- und besonders im Schwachton. Das Ineinanderspielen von Wort- und Satzton bildet die Grundlage der Wortgruppe, die zwischen dem freien Morphem (oder Monem) und dem offenen Satz (etwa der Frage) steht und den eigenen phonologischen Rahmen des Monems im Satz-Vorton bildet.

Wir erwähnten öfters ein Diasystem: Dem liegt zugrunde, daß wir zwischen eindeutig positiven Frequenzwerten und Null klar unterscheiden, wenn es sich um grundlegende Sprachstrukturen handelt. Schließlich kann man mit (ital.) *tlaspi* oder *tmesi* keine Phonemfolge des Italienischen, sondern eher des Griechischen belegen. Wie die Fügung von Tonvokalen vor -NA und -NU zeigt, gibt es in der Sprachlandschaft je nach Frequenzwerten neuernde Sprachhorste, die aber – man denke an die Verkehrslage der Alpentäler – weniger Einflüsse oder gar Sprachformen ausstrahlen als vielmehr aus affinen Grundlagen erwachsende Parallelformen bestätigen und stärken. Randstrukturen mit Atavismen und Modernismen grenzen an tragende Zentralstrukturen hoher Frequenz und Belastung, und dies in Paradigma wie Syntagma (mit Folge, Gruppe und Fügung) und ebenso in Evolution wie in der Landschaft. Vielleicht gelingt es einmal auch, in einer strukturellen Mundartgeographie die Dynamik der lebendigen Rede in Momentaufnahmen festzuhalten, wie wir dies punktuell versuchten: In Verbreitungskarten von Korrelationen, Oppositionen und deren Frequenzwerten.

LITERATURANGABEN

Agard, Frederick B.–Di Pietro, Robert J.: *The Sounds of English and Italian*, Chicago o.J. (1965).
- *The Grammatical Structures of English and Italian*, Chicago o.J. (1965).
Alarcos Llorach, Emilio: *Fonología española*, Madrid ⁴1965.
Alinei, Mario L.: *Dizionario inverso italiano*, The Hague 1962.
Alton, J. B.: *Die ladinischen Idiome in Ladinien, Gröden, Fassa, Buchenstein, Ampezzo*, Innsbruck 1879.
- *L Ladin dla Val Badia. Beitrag zu einer Grammatik des Dolomitenladinischen*, neu bearbeitet von F. Vittur, G. Plangg, A. Baldissera, Brixen 1968.
Arnold, M. Gordon F.: *A Phonological Approach to Vowel, Consonant and Syllable in Modern French*. In: *Lingua 5* (1956) 253–287.
Bally, Charles: *Synchronie et diachronie*. In: *VRom 2* (1937) 345–352.
Battisti, Carlo: *Die Nonsberger Mundart* (= *Sitz. Ber. d. Akad. d. Wiss. Wien, 160, III*) Wien 1908.
- *Zur Mundart von Valvestino* (= *Sitz. Ber. d. Akad. d. Wiss. Wien, 174, I*) Wien 1913.
- *Studi di storia linguistica e nazionale del Trentino*, Firenze 1922.
Belardi, Walter: *Aggiunte e correzioni al Vocabolario badiotto di G. S. Martini*. In: *AION 6* (1965) 199–239.
Cassirer, Ernst A.: *Structuralism in Modern Linguistics*. In: *Word 1* (1945) 99–120.
Chomsky, Noam: *Current Issues in Linguistic Theory*. In: *The Structure of Language*, hg. von J. A. Fodor und J.J. Katz, Englewood Cliffs o.J. (1964) 50–118.
Contini, Gianfranco: *Per il trattamento delle vocali d'uscita in antico lombardo*. In: *ID 11* (1935) 33–60.
Di Pietro, Robert J.: *Juncture and the Preservation of Voiceless Stops in West Romance*. In: *Orbis 15* (1966) 68–72.
Elwert, Theodor: *Die Mundart des Fassa-Tals*, Heidelberg 1943.
- *Contatti ed analogie tra fassano e friulano*. In: *Ce-fastu? 25/26* (1948–49) 76–79.
von Essen, Otto: *Allgemeine und angewandte Phonetik*, Berlin ⁴1966.
von Ettmayer, Karl: *Lombardisch – Ladinisches aus Südtirol. Ein Beitrag zum oberitalienischen Vokalismus*. In: *RF 13* (1902) 321–679.
- *Bergamaskische Alpenmundarten*, Leipzig 1903.
Fischer-Jørgensen, Eli: *On the Definition of Phoneme Categories on a Distributional Basis*. In: *Acta ling. 7* (1952) 8–39.

86

Francescato, Giuseppe: *A Case of Coexistence of Phonemic Systems*. In: *Lingua 8* (1959) 78–86.

– *La dittongazione friulana*. In: *ID 23* (1959) 43–54.

– *Il dialetto di Erto*. In: *ZrP 79* (1963) 492–525.

– *Particolarità nel trattamento di -o (-u) atone in Friuli e nel Comelico*. In: *Boll. ALI* (1964) 9–10, 29–35.

– *A propos du -i final atone en frioulan*. In: *RLiR 29* (1965) 238–248.

– *Dialettologia friulana*, Udine 1966.

Frei, Henri: *Zéro, vide et intermittent*. In: *Zs. f. Phonetik 4* (1950) 161–191.

Gamillscheg, Ernst: *Zur Entwicklungsgeschichte des Alpenromanischen*. In: E. G., *Ausgewählte Aufsätze II*, Tübingen 1962, 161–190.

Garde, Paul: *L'accent*, Paris PUF 1968.

Gartner, Theodor: *Die judicarische Mundart* (= *Sitz. Ber. d. Akad. d. Wiss. Wien, C, II*) Wien 1882.

– *Die Mundart von Erto*. In: *ZrP 16* (1892) 183–209, 308–371.

– *Die rätoromanischen Mundarten*. In: G. Gröber, *Grundriss der Rom. Phil. I* (²1904–1906) 605–636.

– *Handbuch der rätoromanischen Sprache und Literatur*, Halle 1910.

– *Ladinische Wörter aus den Dolomitentälern* (= *Beih. zur ZrP, 73*) Halle 1923.

Harris, Zellig S.: *Distributional Structure*. In: *The Structure of Language*, hg. von J. A. Fodor und J. J. Katz, Englewood Cliffs o.J. (1964) 33–49.

Haudricourt, André–Juilland, Alphonse: *Essai pour une histoire structurale du phonétisme français*, Paris 1949 [Vgl. W. v. Wartburg in *ZrP 66* (1950) 377f., R. L. Politzer in *Word 6* (1950) 250f.].

Heilmann, Luigi: *La parlata di Moena*, Bologna 1955.

– *Per una dialettologia strutturale*. In: *Quaderni dell'Ist. di Glott. Bologna 4* (1959) 45–54.

Ineichen, Gustav: *Repetitorium der altfranzösischen Lautlehre*, o.O. o.J. (Berlin 1968).

Jaberg, Karl–Jud, Jakob: *Der Sprachatlas als Forschungsinstrument*, Halle 1928.

– *Sprach- und Sachatlas Italiens und der Südschweiz*, Zofingen 1928–1960, 8 Bde. und Index. = *AIS*

Jakobson, Roman: *Prinzipien der historischen Phonologie*. In: *TCLP 4* (1931) 247–266.

– *On the Identification of Phonemic Entities*. In: *TCLCop 5* (1949) 205–213.

– Lotz, J.: *Notes on the French Phonemic Pattern*. In: *Word 5* (1949) 151–158.

Juilland, Alphonse: *Dictionnaire inverse de la langue française*, The Hague 1965.

Keller, Oscar: *Beiträge zur Tessiner Dialektologie* (Rovio, Val Verzasca), Paris–Zürich 1937.

Klajn, Ivan: *I nessi consonantici nell'italiano*. In: *Lingua Nostra 28* (1967) 74–81.

Kuen, Heinrich: *Zur Chronologie des Übergangs von a > e im Grödnischen*. In: *ZrP 43* (1923) 68–77.

– *Beobachtungen an einem kranken Wort*. In: *Fs. E. Tappolet*, Basel 1935, 185–212.

87

- *Einheit und Mannigfaltigkeit des Rätoromanischen.* In: *Fs. W. v. Wartburg zum 80. Geb., I,* Tübingen 1968, 47–69.

Kuhn, Alwin: *Die romanischen Sprachen,* Bern 1951.

- *Wort und Wesen der Ladiner.* In: *Ladinien, Jb. des Südtir. Kulturinstitutes 1963/64,* 185–200.

Lardschneider-Ciampač, Archangelus: *Wörterbuch der Grödner Mundart,* Innsbruck 1933.

Lausberg, Heinrich: *Vergleichende Charakteristik der italienischen und der spanischen Schriftsprache.* In: *RF 60* (1947) 106–122.

- *Zum romanischen Vokalismus.* In: *RF 60* (1947) 295–307.

- *Détresse phonologique und Mehrlautphoneme.* In: *ASNS 187* (1950) 66–70.

- *Romanische Sprachwissenschaft (= Slg. Göschen),* Berlin ²1963ff. [Vgl. H. Kuen in *VRom 15* (1956) 172f.].

Lepscky, Giulio C.: *Fonematica veneziana.* In: *ID 25* (1962) 1–22.

- *Morfologia veneziana.* In: *ID 26* (1963) 129–144.

- *La linguistica strutturale,* Torino 1966.

Leumann, Manu: *Lateinische Laut- und Formenlehre,* München 1963.

Lüdtke, Helmut: *Die strukturelle Entwicklung des romanischen Vokalismus,* Bonn 1956.

Mafera, Giovanni: *Profilo fonetico-morfologico dei dialetti da Venezia a Belluno.* In: *ID 22* (1958) 131–184.

Malmberg, Bertil: *Observations sur le système vocalique du français.* In: *Acta ling. 2* (1940/41) 232–246.

- *A propos du système phonologique de l'italien.* In: *Acta ling. 3* (1942/43) 34–43.

- *Bemerkungen zum quantitativen Vokalsystem im modernen Französisch.* In: *Acta ling. 3* (1942/43) 44–56.

- *La structure phonétique de quelques langues romanes.* In: *Orbis 11* (1962) 131–178.

- *Les nouvelles tendances de la linguistique,* Paris PUF 1966.

Marchetti, Giuseppe: *Lineamenti di grammatica friulana,* Udine o.J. (1952).

Martinet, André: *Remarques sur le système phonologique du français.* In: *Bull. Soc. ling. Paris 34* (1933) 191–201.

- *Occlusives and Affricates.* In: *Word 5* (1949) 116–122.

- *La description phonologique avec application au parler francoprovençal d'Hauteville (Savoie),* Genève–Paris 1954.

- *Economie des changements phonétiques,* Bern 1955.

Martini, Giuseppe Sergio: *Vocabolarietto badiotto – italiano* con la collaborazione di A. Baldissera, F. Pizzinini e F. Vittur, Firenze 1950.

Mazzel, Massimiliano: *Dizionario ladino fassano-italiano,* ed. ciclostilata ²1967, Union di Ladìns de Faša e Moena.

Merlo, Clemente: *L'Italia dialettale.* In: *ID 1* (1925) 16–20.

- *Profilo fonetico dei dialetti della Valtellina (= Abh. d. Akad. d. Wiss. und d. Lit. Mainz, 15)* Wiesbaden 1951.

- *I dialetti lombardi.* In: *ID 24* (1960/61) 1–12.

Meyer-Lübke, Wilhelm: *Grammatica storica della lingua italiana e dei dialetti toscani* (übers. von M. Bartoli und G. Braun), Torino o.J. (³1927).

Minach, Ferruccio–Gruber, Teresa: *La rusneda de Gherdëina,* Bozen 1952.

88

Morčinieć, Norbert: *Phonologische und morphologische Identifikation*. In: *Biuletyn Fonograficzny 9* (1968) 81–95.

Moulton, William G.: *Phonologie und Dialekteinteilung*. In: *Sprachleben der Schweiz*, Fs. für Rud. Hotzenköcherle, Bern 1963, 75–86.

Nandriş, Octavian: *Les palatalisations romanes*. In: *Orbis 1* (1952) 136–145.

Nazari, Giulio: *Paralello fra il dialetto bellunese rustico e la lingua italiana*, Belluno o.J. (1873).

Olivieri, Dante: *Dizionario etimologico italiano*, Milano o.J. (^{2}1961).

Pei, Mario A.: *The Italian Language*, New York o.J. (^{2}1954).

Pellegrini, Giambattista: *Schizzo fonetico dei dialetti agordini*, Venezia 1955.

Phonologie der Gegenwart, hg. v. Josef Hamm *(= Wiener Slavist. Jb., Erg. Bd. 6)* Graz-Wien–Köln 1967.

Pilch, Herbert: *Phonemtheorie I*, Basel/New York 1964.

Pirona, G. A.–Carletti, E.–Corgnali, G. B.: *Il nuovo Pirona, vocabolario friulano*, Udine, Soc. Fil. Friul. 1935.

Pizzinini, Antone: *Parores ladines. Vokabulare badiot – tudësk*, bearbeitet von G. Plangg *(= Rom. Aenip., 3)* Innsbruck 1966.

Politzer, Robert L.: *A Note on North Italian Voicing of Intervocalic Stops*. In: *Word 11* (1955) 416–419.

– *Beitrag zur Phonologie der Nonsberger Mundart (= Rom. Aenip., 6)* Innsbruck 1967.

Pottier, Bernard: *Présentation de la linguistique*. In: *TraLiLi V, 1* (1967) 9–60.

Rohlfs, Gerhard: *Historische Grammatik der italienischen Sprache und ihrer Mundarten*, 3 Bde., Bern (1949–1954).

– *Estudios sobre geografía lingüística de Italia*, Granada 1952.

Schmid, Heinrich: *Zur Geschichte der rätoromanischen Deklination*. In: *VRom 12* (1952) 21–81.

Schorta, Andrea: *Lautlehre der Mundart von Müstair*, Zürich 1938.

Schürr, Friedrich: *La posizione storica del romagnolo fra i dialetti contermini*. In: *RLiR 9* (1933) 203–228.

– *Umlaut und Diphthongierung in der Romania*. In: *RF 50* (1936) 275–326.

Sigurd, Bent: *Rank Order of Consonants Established by Distributional Criteria*. In: *Studia ling. 9* (1955) 8–20.

Straka, Georges: *La division des sons du langage en voyelles et consonnes peut-elle être justifiée?* In: *TraLiLi 1* (1963) 17–99.

– *Naissance et disparition des consonnes palatales dans l'évolutions du latin au français*. In: *TraLiLi 1* (1963) 117ff.

Szulc, Aleksander: *Umlaut und Brechung. Zur inneren und äußeren Geschichte der nordischen Sprachen*, Poznań 1964.

Tagliavini, Carlo: *Il dialetto del Livinallongo*. In: *AAA 28* (1933) 331–380, *29* (1934) 53–220 und 643–794.

Trnka, Bohumil: *Bemerkungen zur Homonymie*. In: *Prague Ling.* 301–305.

Trubetzkoy, Nikolay S.: *Zur allgemeinen Theorie der phonologischen Vokalsysteme*. In: *Prague Ling.* 108–136.

– *Die Aufhebung der phonologischen Gegensätze*. In: *Prague Ling.* 187–203.

– *Grundzüge der Phonologie*, Göttingen o.J. (^{4}1967).

von Wartburg, Walther: *Die Ausgliederung der romanischen Sprachräume*, Bern 1950.

Weinrich, Harald: *Phonologische Studien zur romanischen Sprachgeschichte*, Münster o.J. (1958). [Vgl. K. Baldinger in *ZrP 74* (1958) 440 und R. L. Politzer in *Language 35* (1959) 666f.].
– *Phonologie der Sprechpause.* In: *Phonetica 7* (1961) 4–18.
Zwanenburg, Wiecher: *Les phonèmes »semi-vocaliques« du français moderne.* In: *Neophilologus 50* (1966) 28–33.
Zwirner, Eberhard: *Phonologie und Phonetik.* In: *Acta ling. 1* (1939) 29–47.

Abgekürzt wurden:

Acta Linguistica. Revue internationale de linguistique structurale, Copenhague 1939ff.	*Acta ling.*
Annalas da la Società Retorumantscha, 1886ff.	*ASRtr*
Annali dell'Istituto Orientale di Napoli, sezione linguistica, 1959ff.	*AION*
Archiv für das Studium der neueren Sprachen und Literaturen, 1846ff.	*ASNS*
Archivio per l'Alto Adige, 1906ff.	*AAA*
Archivio Glottologico Italiano, 1873ff.	*AGlI*
Bolletino dell'Atlante Linguistico Italiano, Torino 1955ff.	*Boll. ALI*
Bollettino della Carta dei Dialetti Italiani (mit verläßlicher Bibliographie), 1966ff.	*BCDI*
L'Italia Dialettale, 1925ff.	*ID*
A Prague School Reader in Linguistics, hg. von J. Vachek, Bloomington–London 1966.	*Prague Ling.*
Revue de linguistique romane, 1925ff.	*RLiR*
Romanische Forschungen, Erlangen 1882ff.	*RF*
Studia Linguistica. Revue de linguistique générale et comparée, Lund 1947ff.	*Studia ling.*
Travaux du Cercle linguistique de Copenhague, 1944ff.	*TCLCop*
Travaux du Cercle Linguistique de Prague, 1929ff.	*TCLP*
Travaux de linguistique et de littérature, Strasbourg 1963ff.	*TraLiLi*
Vox Romanica. Annales helvetici explorandis linguis romanicis destinati, 1936ff.	*VRom*
Zeitschrift für Romanische Philologie, 1887ff.	*ZrP*

Als wichtigste Grundlage dieser Arbeit müssen die bereitwillig zu wiederholten Malen gegebenen Auskünfte von Mundartsprechern aus den Dolomitentälern und dem Trentino genannt werden. Dafür möchte ich besonders einigen Studierenden unseres Instituts wie den Herrn ALBERT IRSARA und FRANZ MANESCHG aus dem Gadertal, die inzwischen promovierten, und einigen Freunden aus Judikarien noch herzlich danken.

Die Druckvorlagen zu den Karten und Skizzen zeichnete Herr KLAUS FORM.